DE LA

RENTE VIAGÈRE.

THÈSE

PRÉSENTÉE A LA FACULTÉ DE DROIT DE POITIERS

POUR OBTENIR LE GRADE DE DOCTEUR

ET SOUTENUE

LE VENDREDI 2 FÉVRIER 1866, A DEUX HEURES DU SOIR,

DANS LA SALLE DES ACTES PUBLICS DE LA FACULTÉ

par

Amable Clappier,

AVOCAT A LA COUR IMPÉRIALE DE POITIERS.

POITIERS

TYPOGRAPHIE DE HENRI OUDIN,

RUE DE L'ÉPERON, 4.

1866

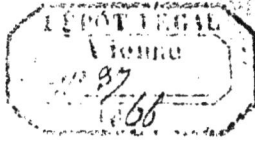

DE LA

RENTE VIAGÈRE.

THÈSE

PRÉSENTÉE A LA FACULTÉ DE DROIT DE POITIERS

POUR OBTENIR LE GRADE DE DOCTEUR

ET SOUTENUE

LE VENDREDI 2 FÉVRIER 1866, A DEUX HEURES DU SOIR,

DANS LA SALLE DES ACTES PUBLICS DE LA FACULTÉ

par

Amable Clappier,

AVOCAT A LA COUR IMPÉRIALE DE POITIERS.

POITIERS

TYPOGRAPHIE DE HENRI OUDIN,

RUE DE L'ÉPERON, 4.

1866

COMMISSION :

PRÉSIDENT, M. ABEL PERVINQUIÈRE ✳.

SUFFRAGANTS :
{
M. BOURBEAU, DOYEN INTÉR. ✳.
M. RAGON.
M. DUCROCQ.
M. BAUDRY LACANTINERIE.
}
{
PROFESSEURS.
}
AGRÉGÉ.

Vu : le Président de l'acte,
ABEL PERVINQUIÈRE ✳.

Vu : le Doyen par intérim,
O. BOURBEAU ✳.

Vu : le Recteur,
DESROZIERS (O. ✳).

« Les visa exigés par les règlements sont une garantie des principes et des
« opinions relatives à la religion, à l'ordre public et aux bonnes mœurs
« (Statut du 9 avril 1825, art. 41), mais non des opinions purement juridi-
« diques, dont la responsabilité est laissée aux candidats. »
« Le candidat répondra en outre aux questions qui lui seront faites sur
« les autres matières de l'enseignement. »

A MON GRAND-PÈRE,

A MA GRAND'MÈRE,

A MON PÈRE ET A MA MÈRE.

DE LA

RENTE VIAGÈRE.

« C'est la conséquence naturelle de
« son objet d'être attachée à la vie même
« qu'elle est chargée d'entretenir. » (*Le
tribun* DUVEYRIER, au Corps législatif.)
(FENET, t. XIV, p. 562)

NOTIONS PRÉLIMINAIRES.

« Une rente, dit Merlin [1], est un revenu annuel
« en argent ou en denrées. »

Telle est en effet l'acception dans laquelle on
prend souvent le mot *rente*, conformément du reste
à son étymologie : *renda*, *rendalis*, dans le latin du
moyen-âge, de *reditus*.

Mais dans la propriété du langage juridique, la
rente « est la chose frugifère, et non le revenu » [2]. C'est
le droit d'exiger des prestations périodiques appelées
arrérages, ou, comme dit Marcadé [3], « le droit d'exi-

---

1. *Répert.*, v° rente. —2. G. Demante, *Principes de l'Enregistr.*,
p. 310, *note.* — 3. Cod. Nap., art. 529, § 3.

1

« ger à toujours ou pour un certain temps la presta-
« tion périodique d'une certaine somme d'argent ou
« de certaines denrées. »

La rente est donc temporaire ou perpétuelle.

La rente temporaire devient viagère quand sa durée
est bornée à la vie d'une ou plusieurs personnes.

Ainsi, on appelle rente viagère « le droit d'exiger
« des arrérages payables pendant la vie d'une ou plu-
« sieurs personnes déterminées, le plus ordinaire-
« ment pendant la vie du créancier [1]. »

Les rentes viagères, dit Pothier [2], « se constituent de
« différentes manières : par donation entre-vifs, par
« testament, par contrats intéressés, comme lorsque
« quelqu'un vend un héritage, ou quelque autre chose,
« à la charge d'une rente viagère que l'acquéreur s'o-
« blige de lui payer. Elles se constituent aussi à prix
« d'argent. »

Le Code Nap. dans ses art. 1968 et 1969 reproduit la
même division en termes plus généraux ; et comme
lui, nous distinguerons, en droit français, deux sortes
de constitutions de rentes viagères : constitutions à
titre onéreux, et constitutions à titre gratuit.

D'après certains jurisconsultes [3], le contrat de rente
viagère aurait été entièrement ignoré des Romains. Il
faudrait en chercher l'origine dans une institution du
moyen-âge, les *précaires*.

Voici en quoi consistaient ces précaires : on don-

---

1. Mourlon, t. III. p. 405. — 2. *Tr. du C. de Rente*, ch. 8. — 3 Molitor,
Tr. des Obl., t. II, p. 374. Troplong, *Tr. des Contr. aléat.*, p. 373.

naît à une église ou à un monastère, soit un fonds de terre, soit un capital en argent, pour recevoir en échange des usufruits ou des rentes à vie, d'un produit supérieur à celui des biens ainsi donnés, afin de compenser, par l'augmentation du revenu, l'aliénation pleine et entière de la propriété.

Assurément c'est avec l'institution des précaires que l'usage des constitutions de rentes viagères par contrats s'est développé et répandu. Mais les Romains les connaissaient aussi ; et il est impossible de n'en pas retrouver l'idée dans cette stipulation dont parle le § 3 t. 15, liv. 3 des Institutes : *Decem aureos annuos quoad vivam dare spondes ?* — De même on doit voir l'idée des legs de rentes viagères dans cette espèce particulière de libéralités dont les règles sont établies au Digeste, L. 33, sous ce titre : *De annuis legatis et fideicommissis* [1].

En droit romain, nous nous occuperons donc d'abord de cette convention, conclue sous la forme d'un contrat verbal, qui présente tous les caractères d'une constitution de rente viagère ; nous traiterons ensuite des legs et fidéicommis qui ont pour objet une prestation à faire chaque année, chaque mois ou chaque jour de la vie du légataire.

1. P. Pont, *Petits Contrats*, t. I, p. 338.

DROIT ROMAIN.

CHAPITRE PREMIER.

DE LA STIPULATION D'UNE PRESTATION ANNUELLE ET VIAGÈRE.

Nous lisons dans les Institutes (L. 3, t. 15, § 3) : *Si ita stipuleris :* « *decem aureos annuos quoad vivam dare spondes ?* » *et pure facta obligatio intelligitur, et perpetuatur, quia ad tempus deberi non potest ; sed herès petendo pacti exceptione submovebitur.*

Les stipulations sont, comme tous les contrats, susceptibles de diverses modalités : elles sont tantôt pures, tantôt à terme, tantôt conditionnelles.

Le terme (*dies*) peut être considéré sous deux aspects, *circa diem duplex inspectio est* [1]. Il y a le terme *suspensif* [2] ou *primordial* [3] (*ex die*), dont l'effet est de retarder l'exigibilité de l'obligation ; et le terme *extinctif* [4] ou *final* [5] (*ad diem*), qui est indiqué comme devant mettre

---

1. L. 44, § 1. D. *de Oblig. et act.* (44-7). — 2. Demangeat, *Tr. de Dr. rom.*, t. II, p. 184. — 3. De Savigny, *Tr. de Dr. rom.*, t. III, p. 208. (*Traduct.* Guenoux, 2e édit.). — 4. Demangeat, *Loc. cit.* — De Fresquet, *Tr. de Dr. rom.*, t. II, p. 282. — 5. De Savigny, *Loc. cit.*, p. 221. — Ortolan, *Explic. des Instit.*, t. III, p. 158 (6e édit.).

fin au droit du créancier. *Nam vel ex die incipit obligatio, aut confertur in diem. — Ex die : veluti, kalendis Martiis dare spondes ?... Ad diem autem : usque ad kalendas dare spondes ? ?*

Dans le paragraphe des Institutes que nous avons cité, on suppose précisément « qu'une obligation a « été contractée *ad diem*, c'est-à-dire, pour durer un « certain temps, et pour s'éteindre par cela seul qu'un « certain moment serait arrivé [2]. »

Mævius s'est obligé à payer chaque année 10 sous d'or à Titius, pendant la vie de celui-ci. Le jour de la mort de Titius est le terme fixé comme étant celui où le droit du créancier prendra fin. C'est, on le voit, une véritable obligation de rente à payer périodiquement pendant la vie de Titius, une véritable stipulation de rente viagère.

Mais, d'après les principes rigoureux du droit, l'expiration du temps n'était pas un mode d'extinction des obligations *stricti juris*. « Une fois le lien de droit « établi, il subsiste jusqu'à ce qu'il soit intervenu un « acte ou un fait juridiquement reconnu comme moyen « de le délier, comme moyen de solution [3]. » Et le simple écoulement du temps ne pouvant produire ce résultat, l'obligation contractée *ad diem* ne s'éteint pas *ipso jure*, à l'arrivée du terme. *Placet ad tempus obligationem contrahi non posse... nam quod alicui*

1. L. 44, § 1, D. de Oblig. et act. (44-7). — 2. Demang., t. II, p. 187. — 3. Ortol., 3, 158.

deberi cœpit, certis modis desinit deberi[1]. » A la mort
de Titius, son héritier aura le droit de demander chaque année 10 sous d'or à Mævius, et celui-ci, malgré
l'échéance du terme assigné, continuera toujours d'être
obligé. « La rente demeure perpétuelle[2]. » *Et pure
facta obligatio intelligitur, et perpetuatur*, dit le
texte.

Aussi le préteur vient-il au secours du débiteur
contre cette conséquence inique du droit strict. Il lui
donne, pour repousser l'action de l'héritier du créancier, l'exception *pacti conventi*, ou l'exception
doli mali. (*Plane post tempus stipulator vel pacti
conventi, vel doli mali exceptione submoveri
potest*[3].)

Cependant soumettre ainsi le promettant à la nécessité d'avoir recours à une exception, n'est-ce pas con-
tredire cette règle, que le pacte intervenu *in continenti*
dans un contrat de droit strict en faveur du débiteur
diminue l'obligation *ipso jure* et non pas *exceptionis
ope*[4]? Mais, comme le fait remarquer M. Vernet[5],
« dans notre espèce, le droit civil n'admettant pas
« qu'on pût constituer une obligation *ad tempus*,
« admettre qu'un pacte résultant des termes mêmes
« de la stipulation aurait pour effet de la limiter *ipso
« jure*, c'eût été contrarier trop directement le droit

1. L. 44, § 1. *De Oblig. et act.* D. 44-7. — 2. De Savigny, t. III,
p 227. — 3. L. 44, § 1. *De Obl. et act.* D. 44-7. — 4. L. 11, § 1,
L. 40, *De reb. cred.* D. 12-1. — 5. *Th. des Oblig. en Dr. rom.*, p. 125
(Durand, Paris, 1865).

« civil, et dès lors, force était bien de recourir à un
« moyen prétorien. »

Une autre objection peut être soulevée contre cette
règle que le terme *quoad vivet* n'éteint pas de plein
droit l'obligation. Il résulte en effet de plusieurs décisions des lois romaines, que la stipulation d'une
somme payable annuellement pendant trois ans, ne
produit d'obligation que pour ces trois ans; et que les
trois termes une fois acquittés, le promettant n'est
plus obligé. La différence entre les deux solutions
vient précisément de la différence de nature qui existe
entre les deux stipulations. En effet, dans cette stipulation : *annua, bima, trima die id argentum quaque
die dari*, il y a trois stipulations distinctes, *hic tres
esse trium summarum stipulationes*[1], et l'obligation
résultant de chacune d'elles a été pleinement exécutée
par les trois paiements effectués. Au contraire, la stipulation *quoad vivam* ne contient pas une semblable
série de stipulations. On ignore combien de temps le
débiteur sera obligé; si donc cette stipulation était
multiple, celle de la première année devrait être pure
et simple, et celles des années suivantes, conditionnelles, la condition étant l'existence du créancier au
jour de l'échéance. Or, une seule formule ne peut pas
créer des obligations de diverses natures.

Cependant il était un moyen détourné pour le promettant, de ne s'engager à fournir des prestations

1. L. 140, § 1, *De verb. Obl.* D. 45, 1.

annuelles que durant la vie du stipulant : « Il suffi-
« sait, au lieu de promettre une rente viagère, de
« promettre différentes sommes, payables *ex die*, et
« en même temps sous la condition suspensive de
« survie : cela a toujours été permis [1]. »

Comme nous venons de le voir, la stipulation dont
s'occupe notre texte est, d'après le principe du droit
civil, une *stipulatio perpetua*[2], et en cela elle se distingue de la stipulation : *annua*, *bima*, *trima die*.

Elle s'en distingue aussi en ce qu'elle est : *una* et
incerta[3].

Una est stipulatio : « Si donc le stipulant est *sui*
« *juris*, il acquiert en bloc, pour lui et pour ses héri-
« tiers, tout le bénéfice que la stipulation est suscep-
« tible de procurer. S'il est *alieni juris*, l'acquisition
« est pour celui qui a la puissance au moment même
« où la stipulation intervient, ainsi que pour ses héri-
« tiers[4]. »

Incerta est : car on ne sait pas combien d'années
vivra le stipulant.

L'action qui en résulte est également incertaine ;
*sicut ipsa stipulatio concepta est, ita et intentio for-
mulæ concipi debet.* C'est la *condictio incerti*, ou *actio
ex stipulatu.* (*Quidquid paret Numerium Negidium
Aulo Agerio dare oportere.*) Mais le créancier qui ne
voulait *deducere in judicium* que les prestations déjà
échues, devait mettre en tête de la formule une *præs-*

---

1. De Savigny, t. III, p. 227. — 2. L. 16, § 1, *De verb. Obl.* D.
45, 1. — 3. *Id.* — 4. Demangeat, t. II, p. 189.

criptio conçue en ces termes : *Ea res agatur cujus rei dies fuit.* Car sans cette *præscriptio*, bien qu'il n'eût agi que pour une annuité échue, et n'eût obtenu condamnation que pour cette annuité, il ne pourrait plus désormais rien demander *ex eadem stipulatione*; son droit tout entier serait épuisé.

Au contraire le créancier en vertu d'une stipulation *annua*, *bima*, *trima die*, n'a pas besoin de faire pré-céder la formule d'une *præscriptio*. Il agit par une *condictio certi*, puisqu'il y a un nombre déterminé de stipulations, dont chacune a pour objet *aliquid certum*.

CHAPITRE II.

DES LEGS D'UNE PRESTATION ANNUELLE ET VIAGÈRE.

Nous venons d'examiner quel est l'effet de cette stipulation : *spondesne dare decem aureos annuos quoad vivam ?* — véritable stipulation de rente viagère, d'une application peu fréquente, si l'on en juge par le petit nombre de textes que l'on trouve sur ce sujet, mais qui n'en était pas moins connue des Romains, et régie par des principes spéciaux.

L'usage était beaucoup plus répandu de constituer des rentes viagères par legs ou par fidéicommis.

Un titre entier du Digeste est consacré à cette espèce particulière de legs, désignée sous le nom générique de *legata annua*, *menstrua*, *diurna* et dont le carac-tère propre est, comme nous le verrons bientôt, de se diviser en autant de legs distincts et séparés qu'il y aura de prestations périodiques à faire.

Voët [1] donne de ces legs la définition suivante : *Annuum legatum dicitur quod in annos singulos relinquitur, et anno quovis vertente debetur.*

« En matière de stipulation (de rente viagère), dit
« M. de Savigny [2], on avait égard aux termes em-
« ployés, non à l'intention des parties, qui durent
« souffrir de ce vice de forme, tant que l'exception ne
« fut pas inventée. Si l'on n'a pas dès l'origine remédié
« à cette injustice, cela tient à la rareté de ces stipu-
« lations. D'un autre côté, les legs de cette nature se
« voyaient fréquemment, et il y avait là un besoin
« pratique à satisfaire. On en trouva le moyen dans
« ce principe général que les legs s'interprétaient
« moins d'après la lettre du testament que d'après
« l'intention du testateur. Si donc on savait, comme
« c'est le cas ordinaire, que le testateur avait voulu,
« au moyen de la rente léguée, assurer au légataire
« sa subsistance, en totalité ou en partie, l'interpré-
« tation suivante conciliait tous les intérêts : on divise
« le legs en plusieurs annuités; la première annuité
« est léguée pure et acquise à la mort du testateur;
« les autres annuités sont soumises à la condition
« suspensive que le légataire vivra à l'époque de cha-
« que échéance. Cette interprétation offrait un double
« avantage : d'abord on empêchait la perpétuité de la

1. *T de annuis*, § 1. — 2. T. III, p. 227 et 228.

« rente, qui n'était certainement pas dans l'intention
« du testateur; ensuite on éludait la prohibition des
« restrictions temporaires pour le legs ; car il ne s'agis-
« sait plus d'un seul legs *ad diem*, qui eût été prohibé,
« mais de plusieurs legs conditionnels qui étaient tous
« valables. »

Les échéances périodiques de chacun de ces legs
avaient lieu chaque année, chaque mois, ou chaque
jour, suivant les termes du testament; ou bien tous
les deux ans, tous les quatre ans (*per biennium, per
quadriennium* [1]). *Certa quantitas relinquitur non
semel præstanda, sed quoties certum temporis spa-
tium recurrit, scilicet in annos singulos, vel menses,
vel dies* [2].

Mais la nature du legs est toujours la même.

Toutes les fois que des annuités ont été léguées,
il faut rechercher en fait quelle a été l'intention du
testateur. A-t-il voulu donner une rente perpétuelle ou
viagère (*legatum annuum*), ou bien seulement une certaine somme divisée en plusieurs termes pour en faci-
liter le payement à l'héritier (*legatum certæ summæ in
plures pensiones divisæ*)? Si le nombre des annuités
est déterminé, il s'agit en général d'un legs *certæ
summæ in plures pensiones*. Si, au contraire, ce
nombre est indéterminé, c'est un *legatum annuum* proprement dit; et alors il faut encore distinguer le cas
où la disposition est faite en faveur d'un individu en

---

1. L. 24, *De annuis*, D. 33, 1. — 2. Poth., Pandect. T. *de annuis*.

particulier, de celui où elle s'applique à un individu
et à ses héritiers, à une ville, à un temple, à une cor-
poration. La rente annuelle due en vertu d'un *legatum annuum* à un individu en particulier, est présumée de droit avoir été constituée à titre de pension
alimentaire et viagère. Elle s'éteint à la mort du légataire : ce qui a fait dire au poëte que ce légataire, en
mourant, lègue lui-même à l'héritier chargé du service
de la rente, des annuités semblables à celles qu'il
recevait :

> *Nil tibi legavit Fabius, Bithynice, cui tu*
> *Annua, si memini, millia sena dabas.*
> *·Plus nulli dedit ille ; queri, Bithynice, noli ;*
> *Annua legavit millia sena tibi.*

La rente annuelle léguée à un individu et à ses héritiers est perpétuelle. Elle subsistera pour les héritiers
du légataire et les héritiers de ses héritiers, *in infini-
tum* [1]. De même, lorsqu'elle est créée au profit d'une
ville, d'un temple, ou, ce qui est la même chose, des
habitants d'une ville, des ministres d'un temple [2], elle
sera exigible à perpétuité [3], ou du moins jusqu'à la
destruction complète de la ville ou du temple [4].

Le legs de rente viagère a cela de commun avec le
legs *certæ summæ in plures pensiones divisæ*, qu'il ne

---

1. L. 65, *De verb. signif.* D. 50, 16. — L. 22, *De legatis*, C. 6, 37.
— 2. L. 2, *De reb. dub.* D. 34, 5. — L. 120, *De legat.* 1, D. 30. —
3. L. 6, L. 20, § 1. L. 23, *de annuis*. — 4. L. 21, *Quib. mod. ususfr.
fin.* D. 7, 4.

donne droit à des annuités que pour un temps. Mais ils n'ont entre eux que ce caractère de ressemblance, et il importe beaucoup de les bien distinguer l'un de l'autre. Nous établirons plus tard les différences qui les séparent.

Occupons-nous d'abord spécialement des legs de rente viagère.

De semblables legs ne sont généralement faits qu'à titre d'aliments (*misericordiæ causa,... alimentorum nomine* [1]). Quelquefois aussi ils sont faits *pro identia legatariorum*, à des personnes qui dépensent follement leur fortune (*iis qui sibi providere non possunt*, dit Cujas [2],... *adolescentibus et iis qui moribus adhuc adolescentes sunt... Quibus si unam ingentem summam dederint, eam statim sint absumpturi*), et auxquelles, suivant l'expression de Martial, il faut chaque jour faire la part du plaisir,

Cum vitiis essent danda diurna tuis,

et la part du nécessaire (*datur cibus minutatim*) [3].

I.

Le legs de rente viagère, avons-nous dit, se décompose en autant de legs distincts et séparés, que le

---

1. L. 6, *De cess. bon.* D. 42, 3. — L. 7, *De annuis*, D. 33, 1. — 2. *Ad Tit. de annuis, et in Lib.* 21, *quæst Pauli, ad leg.* 11 *de annuis.* · 3. Cujas, *id.*

légataire vivra d'années après la mort du testateur. Ce principe est établi dans la Loi 10 *Quando dies leg. ced.* [1] : *Quum in annos singulos legatur , non unum legatum , sed plura legata esse constat.* Il entraîne des conséquences graves que nous devons énumérer.

La première de ces conséquences est qu'il y a chaque année, chaque mois ou chaque jour un nouveau *dies cedit ; nec semel diem ejus cedere, sed per singulos annos* [2]. Pour le legs de la première année , le *dies cedens* a lieu au jour même de la mort du testateur ; *statim a morte testatoris* [3] , et non pas au jour de l'adition d'hérédité. Pour les legs des années suivantes , il a lieu au commencement de chacune de ces années, *in ingressu cujusque anni* [4].

Le premier legs est pur et simple, les autres sont conditionnels [5]. Ils renferment cette condition tacite, *quæ venit ex conjectura voluntatis testatoris : Si legatarius vivat* [6]. Nous ne parlons pas de cette autre condition : *Si adierit heres*, qui est de plein droit sous-entendue dans tous les legs en général, puisque c'est d'elle que dépend la validité du testament , mais

---

1. D. 36, 2. V. L. 4. L. 11, *de annuis.* L. 1, § 16, *ad leg. Falcid.* D. 35, 2. — 2. L. 1, *Pr. Quando dies ususfr. leg. ced.* D. 7, 3.—L. 12, *Pr. Quando dies leg. ced.* D. 36, 2. — 3. L. 12, § 3, *Quando dies leg. ced.* —4. L. 1, *Quando dies ususfr. leg. ced.* D. 7, 3.—L. 12, *De annuis.* L. 12, *Quando dies leg. ced.* D. 36, 2. — L. 1, *Quando dies ced.* C. 6, 53. — 5. L. 4, *De annuis.*—L. 41, *De cond. et dem.* D. 35, 1.—L. 1, § 16, *Ad leg. Falcid.* D. 35, 2.—L. 6, *Quando dies leg. ced.* D. 36, 2 — 6. Cujas. L. 4, *De annuis.*

qui ne rend pas pour cela la disposition condition-
nelle à proprement parler [1].

En vertu de la règle que nous venons d'établir, le
légataire ne serait-il mort qu'un instant après le testateur, aurait néanmoins transmis à ses héritiers le legs
de la première année. De même, il suffit qu'il ait vécu
un instant au commencement de l'année qui suit celle
de la mort du *de cujus*, pour qu'il ait acquis le legs
de cette seconde année, et que ses héritiers puissent
en profiter. Et ainsi de suite.

Mais le droit aux legs des années à venir s'éteint
avec lui, et ses héritiers ne peuvent réclamer que les
annuités déjà dues qui n'ont pas encore été payées.
*Anni cœpti vivo legatario legatum transmittitur in
heredem, anni non cœpti non item*[2]. *Vita ergo amissa,
annua legata finem accipiunt..., et ejus quidem anni
quo moritur legatarius, legatum heredi ejus debetur,
si solutum non sit, sed non sequentium annorum*[3].
C'est là la deuxième conséquence du principe que le
legs de rente viagère est un legs multiple contenant
plusieurs *dies cedit*. En effet, chaque année donnant
naissance à un nouveau *dies cedit*, les legs des années
qui ne sont pas échues se sont évanouis par le décès
du légataire, par suite de cette cause générale d'infir-
mation des legs, qui est la mort du légataire avant le
dies cedit. De plus, le droit à la rente léguée est sou-

1. L. 99, De Cond. et dem. D. 35, 1. — 2. Cujas, T. De annuis,
l. 4. — 3. Cujas, in lib. 21, quæst. Pauli, ad leg. 11, De annuis, D.
33, 1.

mis à la condition suspensive que le légataire vivra à l'époque de chaque échéance ; et les legs conditionnels ne produisent aucun effet si la condition fait défaut. « Nous avons ici, non pas un droit qui s'éteint, mais « une série de droits qui ne prennent pas même nais- « sance, parce qu'ils étaient subordonnés à une con- « dition qui se trouve défaillie [1]. »

La troisième conséquence, elle aussi, découle na- turellement de la première. Il faut, au commence- ment de chaque année, examiner la condition du léga- taire, rechercher si à chaque échéance il a le *jus capiendi*. La Loi 11, *De annuis*, le dit du reste formel- lement [2], et c'est avec raison, car celui qui est capa- ble une année de recueillir un legs, peut ne pas l'être l'année suivante.

Dans le cas où le legs de prestations viagères est fait à un esclave, le maître sous la puissance duquel se trouve cet esclave à l'époque de chaque *dies cedit*, bénéficie des prestations échues ; et, comme on a faction de testament avec les esclaves, *ex persona dominorum*, et non pas *ex persona servorum ipsorum*, *quæ nulla esse intelligitur* [3], on devra con- sidérer la capacité du maître [4], sans s'inquiéter de ce que peut être l'esclave.

Mais si cet esclave devient libre après un certain

1. Demangeat, t. II, p. 190. — 2. *V*. L. 23, *Quando dies leg. ced.* D. 36, 2. — 3. Cujas, *T. De annuis*. L. 3, Ulpien, reg. 22, 9. — L. 82, §2, *De legat.* 2. D. 31. — L. 31, *Pr. De hered. inst.* D. 28, 5. — 4. L. 23, *Quando dies leg. ced.* D. 36, 2.

temps, ce sera désormais pour lui-même qu'il acquerra les annuités léguées [1], à compter de l'année de sa manumission, exclusivement; et par conséquent ce sera désormais de sa capacité personnelle au jour de chaque échéance que dépendra l'effet des différents legs.

Dans la loi 46 § 9, *De episcopis et cler.*, C. 1, 3, nous trouvons établie la quatrième conclusion que nous devons tirer du principe de la division du legs de rente viagère en plusieurs legs : c'est que chacun d'eux produit une action distincte et séparée : *singulis annis, singularum pensionum nascuntur actiones*, dit Cujas [2]; *per singulos annos actionem nasci, quia quot anni sunt, tot etiam sunt actiones, tot legata* [3].

Et, comme cinquième conséquence, puisqu'à chaque échéance il naît une obligation nouvelle, et par suite une action nouvelle, le fonds du droit résultant d'un legs de cette sorte n'est pas prescriptible par lui-même; il faut une prescription spéciale pour chaque action, et cette prescription court « du commencement de chaque année, de chaque mois ou « de tout autre temps marqué [4] ». Chaque action a son *tricennium proprium, quo perimatur*, suivant l'expression de Cujas [5]. *Quot sunt anni, tot requiruntur etiam præscriptiones*. Ainsi, « quelque espace de temps

---

1. L. 12, § 2, id. — 2. T. De annuis, L. 4. — 3. Cuj., In lib. 21, quæst. Pauli ad leg. 11 de annuis. — 4. Merlin, Répert. v° prescript. sect. 2, § 2, art. 2, quest. 1. L. 7, § 6, De præscript. 30 ann., C. 7, 39. — 5. T. De annuis. L. 4.

« qui se soit écoulé entre la dernière prestation du
« droit et le moment où le légataire commence d'agir,
« il ne peut jamais y avoir qu'un certain nombre d'ar-
« rérages prescrits[1] », et le droit aux arrérages non
échus subsistera toujours.

Il est encore une sixième conséquence. Elle est relative à la règle catonienne. Des différents legs qui composent l'ensemble d'un legs de rente viagère, un seul
est soumis à cette règle. C'est celui de la première
année. Les autres y échappent par leur nature même.
Car « la règle catonienne ne s'appliquait qu'aux dis-
« positions qui devaient avoir un effet immédiat à la
« mort du testateur. Elle était écartée toutes les fois
« que le *dies cedens* du legs ne se liait pas à la mort
« du disposant, et qu'il se plaçait au delà[2] ». *Cato-
niana regula non pertinet ad hereditates neque ad ea
legata quorum dies non mortis tempore, sed post
aditam cedit hereditatem*[3].

Enfin la septième conséquence est celle-ci : on suppose
qu'une rente viagère a été léguée à deux personnes ;
les deux légataires ont recueilli le bénéfice du legs ; le
droit de l'un vient ensuite à s'éteindre ; l'accroissement
s'opérera au profit du survivant, de la même façon
qu'en matière de legs d'usufruit en vertu de la loi 1,
§ 3, *De usufr. accresc.*, D. 7, 2, et du § 77 des *Fragm.
Vatican. In usufructu hoc plus est, quod et constitutus,*

1. Merlin, *Loc. cit.* — 2. Machelard, *Tr. de la règle catonienne.*
— 3. L. 3, *Ad reg. Caton.* D. 34, 7.

et postea amissus, nihilominus jus accrescendi admittit.
Quel est en effet le motif qui a pu faire admettre cette sin-
gularité pour les legs d'usufruits? « Tous les jurisconsul-
« tes, dit M. Machelard [1], justifiaient ainsi ce droit de
« sur vivance : l'usufruit se constitue jour par jour, à la
« différence de la propriété ; le legs, en pareil cas, se
« répète quotidiennement (*ususfructus quotidie con-*
« *stituitur et legatur*). De là ils tiraient cette conclusion
« que du moment où l'un des usufruitiers ne rencon-
« trait plus de rival pour la jouissance future, il devait
« l'absorber en entier à lui seul *(cum primum itaque*
« *non inveniet alterum qui sibi concurrat, solus utitur*
« *totum*). » On a bien nié qu'il y eût réellement une
répétition quotidienne du droit du légataire d'un
usufruit [2] ; parce que le *dies cedit* de ce legs n'avait
lieu qu'une seule fois pour toutes ; et cependant la
loi *un. pr. quand. dies leg. ced.* D. 36, 2, semblerait
devoir lever les doutes, car elle décide que dans le legs
d'usufruit considéré sous tout autre rapport que celui
du *dies cedens,* chaque jour donne naissance à un
droit nouveau : QUANQUAM *ususfructus ex fruendo*
consistat... tamen SEMEL *cedit dies.* On a même été plus
loin : on a soutenu que dans l'hypothèse que nous
prévoyons, il ne devait pas y avoir accroissement, à
cause précisément de l'unité d'échéance du legs [3]. Mais
quoi qu'il en soit en matière de legs d'usufruit, per-

. 1. *Traité de l'accroissement* ; p. 244. — 2. Machelard, *Loc. cit.*—
Demangeat, *Tr. de Dr. rom* , t. I, p. 733. — 3. Machelard, *Loc. cit.*

sonne ne conteste au legs d'une rente viagère le caractère d'un legs multiple, comprenant une série de legs
distincts, et par conséquent plusieurs *dies cedit*. Lors
donc qu'il y a deux colégataires d'une rente viagère, si
l'un d'eux vient à mourir, même après le concours
réalisé des deux ayant-droit, le survivant profitera de
la totalité des arrérages à échoir.

II.

Les prestations qui font l'objet des *legata annua*
consistent ordinairement en argent, en denrées ou
autres quantités. Elles peuvent aussi consister en des
corps certains et déterminés[1] ; et peu importe que ces
prestations soient uniformes pour toute la durée du
legs, ou bien qu'elles varient chaque année : *nec refert
singuli aurei in annos singulos legentur, an in annum
primum mille aurei, in secundum homo, in tertium
frumentum*[2].

Quelquefois il arrive que le testateur lègue à une personne pour sa vie et *in annos singulos*, tout ou partie
du revenu d'un domaine. Quel est l'objet de ce legs ?
Est-ce une servitude qui est léguée ? Non ; c'est simplement une redevance annuelle en argent ou en nature à
fournir par l'héritier. En vertu de ce legs il y a obligation personnelle de l'héritier envers le légataire : *obli-*

1. Voët. *T. De annuis*, § 11 — 2. L. 11, *Quando dies leg. ced.* D.
36, 2.

*gatio personalis ex testamento ex causa legati vel fidei-
commissi*[1], mais il n'y a aucune obligation du fonds
lui-même : *servitutem jure constitutam non videri,
neque in personam neque in rem*[2]. *Qui reditum
fundi legat, vel ex reditu vel ex fructu fundi certum
aliquid in annos singulos, non legat servitutem, non
legat usumfructum, sed quod heres redigeret ex
locatione prædii, .. sed corpora fructuum tantum*[3].
L'héritier percevra les fruits ou le prix des fermages,
et les transmettra ensuite en tout ou en partie au
légataire : *hæc ideo quia jus ista sumendi et dandi
domino relictum est; nobis autem, quibus dari debent
nullum jus datum eo nomine quid faciendi in alieno
invito domino, quod natura servitutis exigit*[4]. La
meilleure preuve, du reste, que le testateur n'a pas
créé de servitude, c'est que si l'héritier vend le domaine dont il doit chaque année le revenu au légataire[5], la charge du legs ne suivra pas le fonds entre les
mains de l'acheteur. L'héritier seul la supportera[6]. Le
droit du légataire alors sera de réclamer chaque année
une somme représentant le revenu habituel du domaine[7], mais non pas dans les intérêts du prix du vente une
part proportionnelle à celle qu'il avait dans le revenu,

1. Cujas, *In lib.* 67 *Pauli ad edict. ad leg.* 16 *quodvis.* — 2. L. 12,
De annuis. D. 33, 1. — 3. Cujas, *in tit. de annuis.* L. 12. L. 58,
§ 1, *De usufr.* D. 7, 1. — 4. Donneau, *De jure civ.* Liv. 9, ch. 21,
§ 14. — 5. L. 21, *Pr. de annuis.* D. 31, 1. — 6. L. 81, § 1 *De con-
trah. empt.* D. 18. 1. — 7. L. 38, *De usu et usufr. leg.* D. 33, 2. L.
21, *Pr. de annuis.* D. 33, 1.

Mais que faudrait-il décider si le legs étant, par exemple, d'une certaine quantité de vin [1] à prendre chaque année sur la récolte d'un domaine désigné, la récolte se trouve nulle une année? Le legs correspondant à l'année stérile sera acquitté sur l'excédant de récolte des années qui ont précédé ou qui suivront. Les années se compensent les unes par les autres, et l'on emprunte à l'une ce qui manque à l'autre.

Cette hypothèse de la L. 17, *De annuis,* est bien différente de celle que prévoit la L. 5, *De trit. vin. et ol. leg.* [2]. En effet, dans cette dernière loi il est question du legs d'un certain nombre de mesures du vin que produira telle vigne telle année, et l'on dit que si la récolte ne donne pas le nombre indiqué de mesures de vin, le legs sera diminué d'autant. La raison en est simple : le testateur n'a eu en vue qu'une année déterminée; par conséquent ces mots : « *quod ex illa vinea natum erit* », *taxationis vicem obtinent* [3]. Mais dans l'espèce de la L. 17, *De annuis,* ce n'est plus la récolte d'une année en particulier qui est léguée; il s'agit au contraire de partager la récolte collective de toutes les années en plusieurs prestations d'une quotité fixée, et dont le nombre égalera celui des années comprises dans le legs.

On connaissait aussi en droit romain le legs d'usufruit *in annos singulos.* Ce legs ne doit pas être con-

---

1. L. 17, p. 1, *De annuis* D. 33, 1. — 2. D. 33, 6. — 3. Cuj., *in T. de annuis.* L. 17.

fondu avec celui du revenu. Car, tandis que le légataire du revenu d'un fonds n'est que créancier des
fruits ou de leur valeur, le légataire de l'usufruit a
un *jus in re* qu'il peut exercer contre tout acquéreur
ou détenteur du fonds. De plus, le droit à l'usufruit
comprend le droit à l'habitation ; il n'en est pas de
même du droit aux revenus [1].

A la différence du legs simple d'usufruit, le *legatum
annuum ususfructus* contient plusieurs *dies cedit* entièrement indépendants les uns des autres, et dont
chacun a lieu chaque année, chaque mois ou chaque
jour [2]. Le non usage n'entraîne donc pas dans ce cas la
perte des droits du légataire, comme en matière de legs
pur et simple d'usufruit; « et la diminution de tête ne
« peut éteindre que l'usufruit de l'année, du jour ou
« du mois commencé [3] ».

Le légataire d'usufruit *in annos singulos* doit pouvoir jouir de la chose léguée dès le commencement de
l'année. Si, à cette époque, il trouve un obstacle de la
part de l'héritier, il est en droit de demander une indemnité pour la jouissance de toute l'année [4].

La même décision s'applique au legs du travail
quotidien d'un esclave. Si l'esclave ne s'est mis au
travail qu'à la sixième heure du jour, on ne tiendra

1. L. 38, De usu et usufr. leg. D. 33, 2. — 2. L. un. pr. et § 1.
Quando dies ususfr. leg. ced. D. 7, 3.—L. 1, § ult. L. 3, Pr. quib.
mod usufr. amit. D. 7, 4. — L. 13, De usu et ususfr. leg. D. 33, 2.
—3. Ortolan, t. II, p. 347. —L. 1, § 3, Quib. mod. ususfr. amit.
D. 7, 4. — 4. L. 2, De annuis. D. 33. 1.

aucun compte à l'héritier de cette exécution partielle du legs [1]. Nous en trouvons un motif dans ce vers de Virgile :

Nunc adeo melior quoniam pars acta diei.

Martial nous dit aussi que l'esclave a droit au repos une fois la sixième heure du jour arrivée :

Sexta quies lassis, septima finis erit.

Jusqu'ici nous avons parlé du legs d'un objet déterminé ou d'une quantité déterminée à livrer chaque année ; mais il peut se faire que le *de cujus* n'ait indiqué la nature et la quotité des prestations léguées que par ces mots : *ea quæ vivus præstabam*. Que contient alors la disposition ? D'après la L. 10, § 1, *De annuis*, elle contient pour chaque année une somme égale à celle dont le testateur, pendant sa vie, a gratifié le légataire régulièrement chaque année ; *quæ certam formam erogationis annuæ, non incertam liberalitatis voluntatem habuerunt.* On ne calcule pas la quotité du legs d'après les donations qui n'avaient qu'un caractère accidentel. On ne s'occupe pas non plus des sommes qui ont pu être remises au légataire pour être dépensées dans l'intérêt personnel du testateur : ainsi, par exemple, les sommes que celui-ci donnait à ses intendants pour payer la nourriture de ses

---

1. L. 2, *De annuis.*—L. 26, *De oper. lib.* D. 38, 1.—L. 2, § 1 *De verb. sign.* D. 50, 16.

chevaux [1], ou à ses affranchis médecins, pour le prix des remèdes qu'ils lui avaient fournis à lui ou à sa famille [2]. Car à Rome, non-seulement les médecins soignaient les malades, comme le prouvent ces vers de Plaute [3] :

> *Odiosus tandem vix ab ægrotis venii.*
> *Ait se obligasse crus fractum Æsculapio,*
> *Apollini autem brachium ;*

mais encore, au dire de Cujas [4], ils achetaient et fabriquaient eux-mêmes les remèdes.

Dans le cas où il est constaté que le testateur, pendant sa vie, variait chaque année ses libéralités, le legs est d'une prestation annuelle de la même nature que celle de la dernière année ; *ea demum præstabuntur quæ mortis tempore præstare solitus erat* [5]. Si au contraire le *de cujus*, après avoir servi longtemps une rente annuelle à titre gratuit au futur légataire, a cessé d'en payer les arrérages un an ou deux ans avant de mourir, l'héritier doit cependant continuer le service de cette ancienne rente, en vertu du legs : *dari volo quæ vivus præstabam* [6], sauf les restrictions de la loi 88 § 11, *De legatis* 2 [7].

Supposons maintenant qu'un semblable legs ait été fait *alimentorum nomine*, à plusieurs affranchis, et que quelques-uns d'entre eux seulement aient reçu des

1. L. 10, § 3 *De annuis.* — 2. *Id.* — 3. Ménechmes, acte V, sc. 3. — 4. *T. De annuis.* L. 10. — 5. L. 14, § 2, *De alim. leg.* D. 34, 1. — 6. L. 19, *Id.* — 7. D. 31.

libéralités du vivant du testateur. Quel sera l'effet du legs vis-à-vis des autres? Ce sera de leur assurer une pension alimentaire. Telle est la décision de la loi 15 § *ult.*, *De alim. leg.* [1].

La loi 19 § 2, *De annuis* prévoit une nouvelle hypothèse : le testateur s'est ainsi exprimé : *Lucio Titio annua auri pondo tria quæ vivus præstabam, do, lego*; tandis que pendant sa vie il n'a jamais donné à Lucius Titius que *pecuniam numeratam*, ou *certum argenti pondus*. Le legs n'en est pas moins valable, car *falsa demonstratio non officit legato vel fideicommisso* [2]. On considère cette indication comme une estimation que le testateur a faite lui-même de sa disposition [3]. Du reste l'héritier a la faculté de se libérer en livrant chaque année à son choix *auri pondo tria*, ou une somme équivalente d'argent monnayé [4].

Une difficulté peut se présenter : lorsque par une clause de son testament, le *de cujus* a attribué la propriété de sa maison à son héritier, et que par une autre clause il a légué *ea quæ vivus præstabat* à un de ses affranchis, par exemple, auquel, durant sa vie, il avait toujours permis d'habiter précisément cette maison, le legs comprend-il l'habitation? Oui, dit la loi 33 *De usu et usufr. leg.* [5]; et Cujas ajoute : *quia legatum habitationis non derogat legato domus, nec dici po-*

---

1. D. 34, 1. — 2. Cujas, *In lib. 8 resp. Papin. ad leg.* 9 *De alimentis legat.*, § 1. — L. 34, *De cond. et dem.* D. 35, 1. — 3. Cujas, T. *De annuis.* L. 19. — Voët, *Tit. De annuis*, § 6. — 4. L. 1, § 1, L. 9, *De auro, argento leg.* D. 34, 2. — 5. D. 33, 2.

test speciem derogare generi [1]. Le légataire exercera
ce droit d'habitation en concours avec l'héritier, *una
cum herede* [2].

Mais que décider si le testament porte simplement :
Lucio Titio annua do lego? Le legs d'une rente annuelle dont la quotité n'est pas fixée ne tombe-t-il pas
devant cette règle : *legatum nisi certæ rei sit, nullius
est momenti* [3]? Par une interprétation bienveillante,
dit Voët [4], on admet que l'intention du testateur, en
faisant une semblable disposition, a été de léguer à L.
Titius ce qu'il lui donnait de son vivant, et l'on détermine
ainsi le *quantum* du legs ; ou, s'il ne lui donnait rien,
de lui léguer une rente semblable à celle dont il grati-
fiait des personnes de la même condition. A défaut de l'un
et de l'autre de ces indices, le taux de la rente sera fixé
ex arbitratu boni viri, d'après l'affection que le défunt
avait pour le légataire, et en outre d'après le rang
qu'ils occupaient l'un et l'autre dans la société : *ex
dignitate personæ legatarii, et personæ testatoris* [5].
Cujas justifie ainsi cette doctrine : *non est incerta
quantitas legati quam certæ conjecturæ, certa ar-
gumenta certam faciunt*, ou d'après l'expression de
la loi 18 § *ult De reb. dubiis* [6], *quæ per judicis
subtilitatem manifestatur*. De plus, le legs d'aliments

---

1. Cujas, *In Tit. De usu et usufr. leg.* L. 33. — 2. *Id.* — 3. Paul,
Sent. L. 3, t. vi, § 13. — L. 69, § 4, *De Jure dotium.* D. 23, 3. —
4. T. *De annuis*, § 6. — 5. L. 14, L. 16, L. 20, *De annuis.* D. 33, 1,
L. 50, § *ult. De legatis* 1. D. 30. — L. 20, § 2, L. 10, § *ult.* L. 22,
De alim. leg. D. 34, 1. — 6. D. 34, 5.

est valable *etiam non adscripta summa, quia alimen- torum verbum veluti certam quantitatem exprimit, quantum scilicet ei alendo sufficit;* il doit donc en être de même du legs d'annuités à vie, *eadem ratio annui legati..., quod quantum potest quantum ali- mentorum legatum : nam qui annuum legat, alimenta legat* [1].

Le legs de rente viagère est généralement fait, avons- nous dit, *alimentorum nomine.* Mais il se distingue essentiellement du legs simple d'aliments. En effet, en vertu du legs simple d'aliments, le légataire a droit à des aliments chaque jour, chaque heure; *datur cibus minutatim.* Au contraire, le légataire d'une rente an- nuelle à titre d'aliments reçoit le montant de son legs au commencement de chaque année. Le premier, bien que soumis à la réduction de la loi Falcidie, est ce- pendant dispensé de fournir caution [2]; tandis que le second n'en est pas dispensé. Enfin la mort du légataire met fin au legs simple d'aliments; mais le legs *annuel* subsiste pour l'année commencée.

III.

On ne peut léguer qu'à ceux avec lesquels on a fac- tion de testament. Cette règle générale établie dans le § 20, Instit., 1, 2, t 20, s'applique aux legs de rente

---

1. Cuj. *In Tit. De legat.* 2. L. 30. — 2. L. 68, *Ad leg. Falcid.* D. 35, 2. L. 8, *Si cui plus quam per leg. Falcid. Falcid.* D. 35, 6.

viagère comme aux autres legs, sauf quelques particularités qu'il faut noter. Ainsi, il est de principe qu'on ne
peut léguer à son propre esclave si on ne lui donne la
liberté[1] : *non deberi legatum quia servo suo dederit*[2].
Mais une exception a été admise en faveur des legs
d'aliments : *alia legata servis propriis deneguntur,
non deneguntur tamen alimenta*[3]; c'est aussi ce que
dit Symmaque dans son épître à Valentinien : *Servis
nostris justa commoda testamentorum non neguntur*,
c'est-à-dire *alimenta, vestiaria* et *calciaria*[4]. Ce legs,
cependant, n'est pas valable *ex juris subtilitate*, et
n'engendre pas une *ordinaria actio* contre l'héritier.
Il n'est donné au légataire qu'une *persecutio extra-
ordinaria* pour contraindre l'héritier à exécuter la
disposition : *officio judicis heredem compellendum
servis relicta cibaria præstare*. De plus, l'héritier ne
peut, dans aucun cas, répéter ce qu'il a payé *alimentorum nomine; quia etsi jure civili non debeantur alimenta servo proprio relicta, debentur tamen jure
naturali*[5].

En droit strict, donc, le legs d'annuités viagères
fait par un testateur à son esclave pour avoir effet
ex die mortis domini, tandis que l'esclave ne doit être
libre que dix ans après cette époque, ne peut être
exécuté qu'à dater du dernier jour de la dixième

---

1. L. 4, *De legatis*, C. 6, 37. — 2. Pline, 4e épître. — 3. L. 17, *De
alim. leg.* D. 34, 1. — L. 113, § 1, *De legatis* 1. D. 30. — 4. Cujas,
in Tit. De annuis, ad leg. 16.—5. Cujas, *in lib.* 1, *resp. Scævolæ, ad
leg.* 39 *Fam..ercisc.*, § 2.

année [1] ; mais comme il est fait à titre d'aliments, *favore alimentorum* [2], l'héritier sera obligé *officio judicis* à fournir une pension alimentaire à cet esclave jusqu'au jour où celui-ci aura sa liberté [3].

IV.

Le légataire d'une rente viagère a le droit d'exiger la prestation des annuités léguées, au commencement de chaque année [4], à moins que la rente ne consiste en une certaine quantité de denrées à prendre sur la récolte d'un domaine, ou bien en une somme annuelle pour l'habitation ; car alors ce serait à l'époque de chaque récolte, ou de l'échéance de chaque terme de loyer que les arrérages devraient être acquittés [5].

Le légataire d'annuités a comme les autres, d'après la législation de Justinien, trois actions pour réclamer le montant de son legs : l'action réelle, contre tout détenteur, si le legs est de nature à transférer par lui-même la propriété ; l'action personnelle, qui est ici la *condictio certi* (chaque legs ayant un objet parfaitement déterminé), contre l'héritier personnellement obligé ; enfin l'action hypothécaire, résultant du droit d'hypothèque légale qui lui est conféré sur les biens de la succession parvenus à l'héritier grevé du legs.

---

1. L. 4, *De legatis*, C. 6, 37. — L. 49, *De cond. et dem.* D. 35, 1.— L. 30, § 2, *De legatis* 3. D. 32. — 2. Godefroy, sur la L. 16 *De annuis*. — 3. L. 16, *De annuis*. — 4. L. 1, *Quando dies leg. ced.* C. 6, 53. — 5. L. 12, § 5. L. 26, § 2, *Quando dies leg. ced.* D. 36, 2.

On suit également les principes généraux du droit, quant à la détermination du lieu où doit se faire la délivrance du legs de rente viagère. Lorsque le testateur a formellement indiqué son intention à cet égard, ou que cette intention résulte des circonstances, il faut se conformer à sa volonté [1]. A défaut d'une indication semblable, le lieu du payement varie suivant que le legs est d'une quantité ou d'un objet certain. Dans le premier cas, le payement s'effectue au lieu où la demande est portée. Dans le second cas, une distinction est nécessaire : le légataire exerce-t-il l'action réelle ? Il intente sa demande au lieu où se trouve la chose léguée, et c'est là que cette chose lui est livrée. Exerce-t-il au contraire l'action personnelle ? La tradition se fait au lieu où était l'objet lors de la mort du testateur, ou bien au lieu choisi pour la demande, quand cet objet s'y trouve actuellement [2]. Lorsqu'il s'agit du legs d'un esclave, et que l'esclave s'est enfui du vivant du testateur, c'est au légataire à le rechercher [3]; lorsqu'il s'est enfui après la mort du testateur, cette mission incombe à l'héritier [4].

Mais il y a à remarquer pour les legs de rente viagère une particularité relative aux personnes qui ont qualité pour recevoir le payement : c'est que l'héritier qui a payé les arrérages de cette rente entre les mains

1. L. 52, § 1, *De Judiciis.* D. 5, 1. — 2. L. 38, *De Judiciis,* D. 5, 1. — L. 2, § 1, *De reb. cred.* D. 12, 1, *De usuris* D. 22, 1. — L. 47. § 1, *De leg.* 1. D. 30. — L. 1, *de annuis.* — 3. L. 108, *De legatis* 1. D. 30. — 4. L. 39, *Id.*

du tuteur du légataire encore mineur, est entièrement
libéré. Il n'a pas à craindre une *restitutio in inte-
grum* qui l'oblige à payer une seconde fois, dans le
cas où les sommes remises au tuteur auraient été
perdues [1].

Comme garantie de ses droits, le légataire, au temps
de Justinien, a une hypothèque légale sur les biens
héréditaires échus à la personne chargée du legs [2]

De plus, dans l'hypothèse où la prestation de la
chose léguée est reculée à une époque postérieure à la
mort du testateur, le préteur permet au légataire d'exiger une caution de la part de l'héritier, et faute
par celui-ci de fournir la caution demandée, de se
faire envoyer en possession de son legs. Tous les legs
qui composent le legs d'annuités à vie, sauf celui de la
première année, sont conditionnels, et par conséquent
sont sujets à l'application de cette règle.

Un objet particulier, un fonds de terre, je suppose,
peut aussi être affecté spécialement par le *de cujus*, à
la sûreté de la rente léguée [3], et le légataire a le droit de
se mettre en possession de ce fonds *legatorum servan-
dorum causa.* C'est une constitution de gage par testament. Elle n'exclut pas les garanties accordées par la
loi lorsqu'elles sont plus avantageuses, car il n'est pas
vrai de dire : *provisionem hominis tollere vel elidere*

---

1. L. 28, *De adm. tutor,* C. 5. 37. — 2. L. 1, *Com. de legat.,* C. 6,
43. — 3. L. 26, *De pign. act.* D. 13, 7.—L. 12, *De alim. leg.* D. 34,
1.—L. 9, *De annuis.*—L. 5, § 2, *Ut in possess. legat.* D. 36, 4.—L. 1,
Com. de leg., C. 6, 43.

provisionem legis vel edicti prætorii [1]. Mais le légataire ne serait payé, même sur cet objet spécial, qu'après tous les créanciers du défunt : *legata non deberi, nisi deducto ære alieno, et adimpletis omnibus creditoribus* [2].

V.

L'existence même du legs d'annuités viagères dépend quelquefois de l'accomplissement de certaines conditions. Nous ne parlerons que des conditions potestatives de la part du légataire, et des conditions mixtes, les seules pour lesquelles nous trouvions quelques particularités.

Ainsi, cette règle de la loi 39, *De reg. juris* [3] : *in omnibus causis pro facto accipitur id in quo per alium moræ sit quominus fiat*, ne s'applique en matière de legs en général qu'aux conditions potestatives de la part du légataire. Mais en matière de legs de rente viagère, la condition mixte, elle aussi, est censée remplie lorsque son inaccomplissement résulte d'une cause tout à fait indépendante de la volonté du légataire [4].

Titius lègue une rente viagère à ses affranchis, à condition qu'ils habiteront avec *Seia*, sa mère. *Seia* venant à mourir avant *Titius*, le legs est cependant

---

1. Cujas, *In Tit. De annuis*, ad l. 9, et lib. 24, *Observat. et emendat.*, ch. 26. — 2. L. 1, § 18, *Ad sc. Trebel.* D. 36, 1. — 3. D. 50, 17. L. 161, *id.* — 4. L. 20, *Pr. de annuis.* — L. 24. L. 84, *De cond. et dem.* D. 35, 1.

dû aux affranchis, parce qu'il n'a pas dépendu d'eux de pouvoir remplir la condition. Si, au contraire, *Seia* a survécu quelques instants au *De cujus*, il suffit que les affranchis aient habité avec elle pendant ce court espace de temps, pour qu'ils aient droit à la totalité de la rente.

Que décidera-t-on dans la circonstance que voici : le testateur a imposé à ses affranchis, comme condition d'un legs de cette sorte, de ne pas quitter sa veuve[1]? Cette femme qui, du vivant de son mari, s'absentait rarement de la ville où elle résidait, depuis qu'elle est veuve entreprend sans cesse des voyages (*excursiones mulieribus gratæ sunt*, dit Cujas[2], *sed quibus gratæ summopere vitandæ*). Les affranchis sont-ils tenus de la suivre partout où il lui plaira d'aller? Il y a là, plutôt qu'une question de droit, une question de fait *quæ ad judicis aut boni viri cognitionem aut æquum arbitrium remittenda est*. On a résumé en deux mots la règle à suivre : *Ubi justa est libertis causa recedendi ab uxore, fideicommissum eis debetur; ubi justa causa deficit, si ab ea recedant, fideicommissum eis non debetur[3].* Il ne faut pas que cette charge : *si ab uxoris suæ latere non recederint*, soit par trop onéreuse pour le légataire (*ita tamen ut non plus æquo gravetur[4]*).

---

1. L. 13, § 1, *De annuis*. — 2. *Ad Tit. de annuis, ad leg.* 13. — 3. Cujas, *Loc. cit.* — 4. Poth. Pandectes, 35, 1, § 212. — L. 32, *De usuris*, D. 2, 1. — L. 38, *Mandati*, D. 17, 1. — L. 135, § 2, *De verb. oblig.* D. 45, 1. — L. 2, *Plus val. quod ag.* C. 4, 22. — L. 7, *De fideic.* C. 6, 42.

Dans la Loi 10, *De annuis*, nous trouvons une autre hypothèse : le *de cujus* a institué pour héritiers, par portions égales, ses trois enfants ; il a ensuite légué à son intendant *Seius* une rente annuelle de six sous d'or, à la condition pour celui-ci de s'occuper de leurs affaires. Deux de ces trois enfants décèdent peu de temps après leur père, en laissant d'autres héritiers que leur frère. Qu'arrivera-t-il ? La rente sera diminuée des deux tiers. *Seius*, n'étant plus chargé désormais que de la gestion d'une fortune, recevra seulement deux sous d'or par an, *quum tam labor quam pecunia divisionem reciperent*. Mais la rente serait toujours de six sous d'or, si les deux enfants en mourant avaient institué pour héritier leur frère, ou si, étant encore vivants, ils ne permettaient pas à *Seius* de s'occuper de leurs affaires, bien qu'ils n'eussent aucun juste motif de se plaindre de lui[1]. Toutefois, après avoir écarté *Seius* pendant deux ou trois ans de l'administration de leur fortune, ils pourraient changer d'avis et consentir à la lui confier; alors *Seius* devrait remplir cette mission pour avoir droit aux annuités à échoir; car il y a chaque année un nouveau legs fait sous cette condition : *si negotia gesserit*, et le légataire, en n'accomplissant pas la condition une année, perdrait le legs de cette année[2].

Souvent le testateur impose au légataire la destina-

---

1. L. 13, Pr. *de annuis.* — 2. L. 101, § Ult. *de cond. et dem.* D. 35, 1.

tion de la chose léguée. On dit alors que le legs est fait sous un mode. Il ne faut pas confondre le mode avec la condition. *Conditio suspendit, modus contra- hit... Conditio impletur ante præstationem aut peti- tionem legati, modus post petitionem... Modus non quominus quis habeat legatum, sed quominus retineat efficit*[1].

« Le légataire *sub modo* peut demander la chose
« immédiatement, mais il est tenu de remplir la desti-
« nation indiquée par le défunt, d'en donner caution
« à l'héritier, et faute par lui d'y satisfaire, il peut y
« être contraint, ou la chose léguée redemandée[2]. »

Lorsque c'est une rente viagère qui est léguée *sub modo*, on applique à chacune des dispositions compo- sant un semblable legs, les règles générales que nous venons d'établir. Si le légataire de la rente ne se sou- met pas à la volonté du défunt, l'héritier chargé du service de cette rente a le droit de l'y forcer chaque année, ou de répéter les arrérages payés, par la *condic- tio certi ob modum non impletum*[3].

Toutes les clauses d'un testament n'ont pas un carac- tère vraiment obligatoire pour l'héritier chargé de les exécuter. Plusieurs d'entre elles sont considérées com- me de simples recommandations du défunt, et n'en- gendrent pas d'obligation proprement dite : *nuda præcepta quæ sola nituntur auctoritate scribentis, nec*

1. Cujas, *In lib. 17, quæst. Papiniani, ad leg.* 81, *De cond. et dem. et ad Tit. De annuis, ad leg.* 19. — 2. Ortolan, t. II, p. 611. — 3. L. 21, § 3, *De annuis.* — L. 17, *De usu et usufr. leg.* D. 33, 2.—L. 111, *De legatis* 1. Pothier, Pandectes, 35, 1, § 223

ad alterius commoda pertinent... obligationem non pariunt [1]. Personne n'est intéressé à leur exécution, personne par conséquent n'a d'action contre l'héritier : *actiones esse expressas*, dit Cicéron, *ex cujusque damno vel injuria*. Cependant il y a une sanction contre l'inobservation de ces *nuda præcepta*. D'abord l'héritier peut être contraint à les respecter, *principali vel pontificali auctoritate* [2]; mais en outre, il s'expose à une amende au profit du fisc, et même dans l'ancien droit il était exclu de l'hérédité comme indigne [3].

La loi 7, *De annuis*, cite un exemple d'une semblable cause accompagnant un legs de rente viagère. Voici l'espèce prévue : le testateur laisse, en mourant, un fils impubère ; il exhérède ce fils, lui nomme un tuteur, et institue un héritier étranger. Mais il charge l'héritier de servir à ce fils une rente annuelle à titre d'aliments, et il ajoute : je veux que mon enfant soit confié à ceux *apud quos morari mater voluerit*. Cette disposition relative à l'éducation de l'enfant est un *nudum præceptum*. Le préteur peut même s'opposer à son exécution (*nonnunquam a voluntate patris recedit prætor*), s'il voit qu'il y a quelque danger pour l'enfant [4]. Si au contraire il n'y a rien à craindre sous

1. Cujas, *Tit. De annuis*, L. 7.—L. 7, *De annuis*.—L. 8, § 6, *Mandati*, D. 17, 1.—L. 32, *Locati*, D. 19, 2.—L. 114, § 11, *De legatis* 1, D. 30. — 2. Cujas, *in lib. 6 quæst. Em. Papiniani, ad leg.* 50, *De hered. pet. in fin.* — L. 50, *In fin. De hered. petit.* D. 5, 3.—L. 28, L. 45, *De episc. et cler.* C. 1,3.—L. 8, *De relig. et sumpt. fun.* D. 11, 7. —3. L. 5, *De his quæ ut indig.* C. 6, 35.— 4. L. 1, L. pen. *Ubi pupil. educ. deb.* D. 27, 2.

ce rapport *(ubi ea servare pium et honestum est)*, il faut obéir au défunt, sinon le juge interviendra *(interventu judicis extra ordinem)*. Quant à la rente léguée, que le legs soit fait dans l'intérêt du pupille, ou bien *in gratiam et utilitatem eorum apud quos pupilli educarentur*[1], peu importe. Dans l'un et l'autre cas il naît une action du testament pour forcer l'héritier à servir cette rente.

VI.

La somme des legs et fidéicommis dont l'héritier peut être grevé, augmentée de celle des donations à cause de mort, ne doit pas absorber plus des trois quarts des biens que cet héritier recueille dans la succession du *de cujus*. Lorsque ces dispositions s'élèvent au delà de cette limite, elles sont réductibles en vertu de la loi Falcidie[2], ou du sénatusconsulte Pégasien[3]. De même il faut toujours laisser intacte la portion réservée de droit à certains héritiers.

Pour déterminer le *quantum* des libéralités du défunt, savoir si elles excèdent la quotité fixée et dans quelle proportion elles doivent être réduites, il faut apprécier comparativement leur valeur et celle du patrimoine de la succession à l'époque de la mort du *de cuj.ts*.

1. Cujas, *Loc. cit.* — 2. *Institut.* Liv. 2, t. xxii, pr.—3. *Inst.* L. 2, t. xxiii, § 5.

Mais comment à cette époque apprécier la valeur réelle d'un legs de rente viagère ? Ce legs se compose de l'ensemble des diverses annuités qui seront payées jusqu'à la mort du légataire, en déduisant de ce total une somme représentant les intérêts de chacune d'elles depuis le décès du testateur jusqu'au jour de leurs échéances respectives. On ne connaîtra donc exactement le *quantum* du legs qu'à la mort du légataire, puisque jusque-là on ignore combien de temps dureront les prestations à faire. L'héritier devra-t-il servir les arrérages de la rente, tels qu'ils ont été légués, jusqu'à concurrence de la Falcidie ou de la légitime, et une fois qu'ils auraient atteint cette limite ne plus rien donner désormais? Non, car ce sont des annuités égales les unes aux autres qui font l'objet du legs, et chacune d'elles doit subir une réduction proportionnelle, si leur somme entame la portion réservée. Comment donc concilier la nécessité de réduire les legs qui dépassent la quotité disponible, avec l'impossibilité de déterminer de prime abord la valeur véritable de la rente léguée ? Plusieurs systèmes ont été proposés pour tourner la difficulté.

Proculus a soutenu qu'il fallait estimer la rente à sa valeur vénale [1]. Mais son opinion paraît avoir été rejetée.

D'après le jurisconsulte Paul [2], l'héritier doit acquitter le legs tel qu'il est, jusqu'à ce que la quotité dispo-

1. L. 45, § 1, *Ad leg. Falcid.* D. 35, 2. — 2. L. 47, *Pr. Id*

nible soit épuisée Cette limite une fois atteinte, s'il y a
encore des prestations à faire, *retro omnia legata immi-
nuentur et non tantum ea quæ insequentur*[']. Mais le légataire, avant de recevoir aucune annuité, fournira caution à l'héritier : *cautio erit in his præstandis, ut non
nisi interposita stipulatione præstentur quæ legatarii
caveant, quo amplius quam per legem Falcidiam licet
ceperint se restituros*[2]

Un dernier système[3] consiste à appliquer aux legs
de rentes viagères les règles d'estimation établies dans
la loi 68, *Ad leg Falcid*[4] pour les legs d'aliments :
c'est-à-dire que si le légataire a moins de 20 ans, il
faudra compter qu'il jouira de la rente pendant 30 ans;
s'il a de 20 à 25 ans, qu'il doit jouir 28 ans; de 25
à 30, 25 ans; de 30 à 35, 22 ans; de 40 à 50, autant
d'années moins une qu'il en manque au légataire
pour atteindre 60 ans; de 50 à 55 ans, 9 ans ; de 55
à 60, 7 ans ; au delà de 60, 5 ans.

Mais, bien entendu, on ne recourt à cette supputa-
tation, basée sur des probabilités, que s'il y a doute
sur le nombre des prestations à faire, par conséquent
si le légataire est encore vivant : car s'il est mort , on
n'a égard qu'à la durée réelle de la rente.

Il n'y a cette divergence d'opinions entre les jurisconsultes que pour l'application de la loi Falcidie entre
l'héritier et le légataire de la rente viagère.

1-2. Donneau, *De Jure civil.* t. 8, ch. 23, § 18. — 3. *Id.*, § 22. —
4. D. 35, 2.

Lorsqu'en outre d'un legs de rente viagère, le testament contient différents autres legs, une estimation de la rente peut être de suite nécessaire pour procéder au calcul de la loi Falcidie à l'égard des autres légataires. Dans ce cas, on s'accorde à dire qu'il faut considérer la valeur vénale de la rente, mais que l'héritier devra donner caution à ces légataires de leur payer, jusqu'à concurrence de la quarte Falcidie, la différence qui pourra exister entre la valeur vénale de la rente et sa valeur réelle [1].

En règle générale, le légataire grevé d'un fidéicommis déduit de ce fidéicommis ce qui est retranché à son propre legs par la loi Falcidie [2]. Cependant le légataire d'un fonds de terre chargé de servir une rente viagère sur le produit de ce fonds, est obligé de servir la rente dans son entier, malgré la réduction qu'il subit, à moins que le testateur n'ait manifesté une intention contraire, ou que le produit de ce fonds ne soit insuffisant [3].

VII.

Tels sont les principes du Droit romain relativement au legs de rente viagère.

Pour les mieux comprendre, et les faire ressortir davantage, il nous reste à les comparer, en suivant

1. L. 55, *Ad leg. Falcid.* D. 35, 2. — 2. L. 32, § 4. *Ad leg. Falcid.* D. 35, 2. — 3. L. 21, § 1, *De annuis.*

l'exemple de la Loi 8, *De annuis*, aux principes admis
en matière de legs d'usufruit,

Nous avons vu qu'on peut léguer une rente annuelle à une ville, à un individu et à ses héritiers ; et
qu'alors la rente est perpétuelle. On peut également
leur léguer un usufruit ; mais, dans le premier cas, cet
usufruit ne durera que 100 ans, et dans le second,
il ne passera qu'aux premiers héritiers du légataire,
et non pas aux héritiers des héritiers de celui-ci.

Ordinairement l'usufruit, de même que la rente
annuelle, n'est constitué que pour la vie d'une personne, et s'éteint par la mort du légataire. Mais bien
que ces deux legs se ressemblent sous ce rapport, il
existe entre eux de nombreuses différences.

1° Dans le legs d'usufruit il n'y a qu'un seul *Dies
cedit* [1], tandis que le legs de rente viagère contient
autant de *Dies cedit* distincts qu'il doit embrasser
d'années.

2° Le *dies cedit* du legs d'usufruit n'a lieu qu'après
l'adition d'hérédité ; les fruits perçus jusqu'à l'adition
appartiennent à l'héritier. (On peut même dire, en
complétant le § 55, liv. II des Instit. de Gaïus, que
ce fut là une des raisons pour lesquelles on institua
l'*usucapio pro herede*, destinée à forcer l'héritier à
faire adition dans le plus bref délai.) Quant au legs
de rente viagère, le *dies cedit* de la première annuité
a lieu au jour même de la mort du testateur, et ceux

---

1. L. un. pr. *Quando dies ususfr. leg. ccd.* D. 7, 3.

des annuités suivantes, au premier jour de chaque
année ; de sorte que les arrérages échus entre l'époque
de la mort du testateur et celle de l'adition d'hérédité
appartiennent en entier au légataire

3° L'usufruit prend fin au jour même de la mort du
légataire usufruitier, et celui-ci ne transmet à ses
héritiers que les fruits qu'il a perçus[1] ; mais le légataire d'une rente viagère transmet, en mourant, à ses
héritiers le legs entier de l'année commencée.

4° Le legs d'usufruit est éteint par la *capitis deminutio* du légataire, ou du moins, au temps de Justinien, par la *maxima* et la *media capitis deminutio*[2] ;
le testateur ne peut éluder cette règle qu'en léguant
l'usufruit *in annos singulos*, ou bien si après avoir dit
simplement : *Titio usumfructum fundi lego*, il ajoute :
*et quotiensque capite minutus erit, eumdem usumfruc-
tum ei lego*[3], ou : *quoad vivet legatarius*.

Le legs de rente viagère subsiste malgré la *capitis
deminutio* du légataire[4]. Cujas donne la raison de
cette différence : L'usufruit, dit-il, *consistit in persona ejus cui debetur, qui utitur fruitur*, et c'est
pourquoi *persona ejus mutata, mutatur etiam, sive*

---

1. § 36, *Instit.* L. 2, t. 1. — L. 8, *De annuis.* L. 13, *Quib. mod.
ususfr. fin.* D. 7, 4. — L. 25, *in fin. De usuris.* D. 22, 1. — 2. § 3,
Inst. L. 2, t. iv. — L. 16, *De usufr.* C. 3, 33. — L. 8, *De annuis.* —
3. L. 8, *De annuis.* — L. 13. l. 23, *De usu et usufr. leg.* D. 33, 2.
l. 1, § ult. L. 2, t. 3, *Quib. mod. ususfr. amit.* D. 7, 4. Cujas, *in
Tit. De usu et usufr. ad leg.* 23. — 4. L. 8, *De annuis.* L. 10, *De
capit. minutis.* D. 4, 5.

interit, ususfructus; au contraire le legs de rente viagère *non consistit in persona ejus cui debetur, sed in
herede ipso qui annuæ præstationi si e pensitationi
obnoxius est.*

5° L'usufruit s'éteint par le non-usage *(non utendo
per annum vel biennium[1])*; il n'en est pas de même du
legs de rente viagère.

6° Enfin le legs de rente viagère est *in causa caduci*
si le légataire meurt du vivant du testateur. Il revient
au fisc en vertu des lois *Julia et Papia.* Dans les
mêmes circonstances, l'usufruit légué reste uni à la
nue-propriété entre les mains de l'héritier grevé du
legs.

VIII.

Nous avons dit, en commençant, qu'il ne fallait pas
confondre le legs de rente viagère avec le legs *certæ
summæ in plures pensiones divisæ.* Si, en effet, dans
les deux cas, il est dû des annuités à temps, le nombre de ces annuités est incertain dans le legs d'une
rente viagère, tandis qu'il est parfaitement déterminé
dans l'autre legs. Mais de plus ces deux dispositions diffèrent essentiellement entre elles par leur nature même.

Dans le legs de rente viagère il y a plusieurs legs et
plusieurs *dies cedit*; dans le legs *certæ summæ in
plures pensiones divisæ*, il n'y en a qu'un seul.

Le legs de rente viagère est éteint par la mort du

1. L. 16, Pr. de usufr. C. 3, 33.

légataire ; il n'est transmissible aux héritiers de celui-
ci que pour les années échues et l'année courante ;
tandis que le légataire d'une certaine somme payable
en plusieurs termes, s'il est capable de recueillir le legs
à l'époque du *dies cedit*, transmet son droit à ses héritiers pour les termes à échoir, comme pour les termes
échus.

On peut transiger sur ces derniers legs *sine decreto*;
on ne le peut pas pour les legs de rente viagère, par
cette raison que les legs de cette sorte sont généralement faits à des personnes pauvres ou à des prodigues
qui se laisseraient trop facilement séduire par l'appât
d'une somme considérable à toucher de suite [1].

On rencontre quelquefois des dispositions testa-
mentaires qui sont un mélange de legs de rente viagère
et de legs *certæ summæ in plures pensiones* : ainsi,
par exemple, le testateur léguera une rente viagère de
60 sesterces, payables chaque année en deux termes,
30 aux calendes de janvier, 30 aux calendes de juillet.
Dans cette hypothèse, il suffit que le légataire soit
vivant au commencement de l'année pour que le legs
de l'année entière lui soit acquis [2].

1. L. 8, § 23, *De transact.* D. 2, 15. L. 8, *De transact.* C. 2, 4 —
2. Voët, *Ad Pandect. T. De annuis*, § 17.

DROIT FRANÇAIS.

CHAPITRE PREMIER.

CONSTITUTION DE RENTE VIAGÈRE A TITRE ONÉREUX.

Aux termes de l'art. 1978 du C. N., « la rente via-
« gère peut être constituée à titre onéreux moyennant
« une somme d'argent, ou pour une chose mobilière
« appréciable, ou pour un immeuble. »

Mais la nature du contrat n'est pas la même dans
les trois hypothèses.

Dans la première, il s'agit à proprement parler du
contrat de rente viagère. Dans les deux autres, on dit
qu'il y a *vente à charge de rente viagère*.

Nous établirons donc d'abord les différences qui
existent entre ces deux sortes de contrats. Nous com-
prendrons ensuite dans une même explication les
règles qui leur sont communes.

I.

CONTRAT DE RENTE VIAGÈRE.

« On peut définir ce contrat, dit Pothier [1], un con-

1. *Tr. des Contr. de rente*, ch. 8.

« trat par lequel l'un des contractants vend à l'autre
« une rente annuelle , et dont la durée est bornée à
« la vie d'une ou plusieurs personnes , de laquelle
« rente il se constitué débiteur pour une certaine
« somme qu'il reçoit pour le prix de sa constitution. »

C'est « une espèce de contrat de vente par lequel
« vous me vendez une rente viagère dont vous vous
« constituez débiteur pour le prix d'une certaine
« somme d'argent que vous recevez de moi. »

Ce contrat , comme celui de constitution de rente
perpétuelle, dit encore Pothier[1], « n'a été inventé que
« pour qu'on pût se passer du prêt à intérêt défendu
« par les lois de l'Église, confirmées par celles des
« princes dans les Etats catholiques, et pour lui sub-
« stituer un autre moyen de trouver de l'argent dont
« on peut avoir besoin dans une infinité de circons-
« tances de la vie, sans être obligé de vendre son fonds
« souvent à vil prix. »

Au moyen âge, en effet, le prêt à intérêt était sévé-
rement interdit. La prohibition portée d'abord par les
lois de l'Église et ne s'adressant qu'aux clercs et aux
prêtres, avait été généralisée, et appliquée par les
princes, même aux laïques. Le besoin de faire fructi-
fier l'argent rendit industrieux. On imagina diverses
combinaisons propres à donner aux capitaux, à défaut
de l'intérêt, une fécondité nouvelle. C'est ainsi qu'a été
introduit « pour l'usage et fruition temporelle de l'ar-

1. *Tr. du Contr. de rente,* n° 5.

« gent d'autrui », suivant l'expression de Dumoulin[1],
le contrat de constitution de rente.

Au fond, ce contrat n'est qu'une simple modification du prêt à intérêt; et la notion qu'en donne l'article 1909 du C. N. en disant : « On peut stipuler un
« intérêt moyennant un capital que le prêteur s'inter-
« dit d'exiger : dans ce cas le prêt prend le nom de
« constitution de rente », est parfaitement exacte au
point de vue dogmatique et rationnel[2]. Cependant,
ces deux contrats, quoique voisins, diffèrent en un
point important : « Le contrat de prêt se caractérise
« par l'obligation de rendre, qui est chez lui princi-
« pale et substantielle »; le contrat de constitution de
rente, au contraire, « a lieu moyennant un capital
« inexigible et perpétuellement aliéné [3] ». Tout prêt
de sommes suppose bien une aliénation de deniers;
« mais le capital, envisagé d'une manière abstraite,
« demeure dans le patrimoine du créancier, qui le
« réclamera au jour de l'échéance[4] », tandis que le
crédi-rentier s'étant interdit d'exiger le capital, est
considéré comme l'ayant aliéné définitivement.

Le contrat de constitution de rente adoucit la posi-
tion de l'emprunteur. Celui-ci, moyennant le payement régulier des arrérages, ne sera jamais contraint
au remboursement du capital. Il n'y a pas, comme

---

1. *Des usures*, nº 84.—2. Demolombe, t. IX, p. 289.—G. Demante,
Enreg., p. 310. — 3. Troplong, t. XIV, p. 351. — 4. G. Demante,
Enreg., p. 312, *note.*

dans le prêt à intérêt, ce moment critique de la restitution, où, suivant l'expression de M. Troplong [1],
« les mauvais sentiments dont les parties peuvent être
« animés, et que la morale chrétienne voulait étein-
« dre, éclatent avec le plus de vivacité, à savoir : le
« refroidissement de charité des créanciers, et la
« dureté et ingratitude, assez communes aux débi-
« teurs [2] ».

On pouvait donc sans conséquence autoriser le
contrat de rente, tout en interdisant le prêt à intérêt.

Mais pour lever tous les scrupules de quelques théo-
logiens rigides qui « par leurs loys trop rigoureuses
« sur le fait des profits illicites, auraient quasi aboly le
« trafic et l'aide qu'un homme peut espérer de l'autre
« en ses affaires [3] », et pour mieux assurer la validité
de cette constitution de rente, les jurisconsultes la
considéraient comme une véritable vente.

Nous venons de citer la définition que Pothier donne
du contrat de rente viagère : il y est dit formellement
que « l'un des contractants *vend* à l'autre une rente
« annuelle... dont il se constitue débiteur pour un
« *prix...* »; telle est aussi l'idée qui ressort de la définition du contrat de rente perpétuelle. L'emprunteur est
transformé en vendeur d'une chose incorporelle appe-
lée *rente*, et le prêteur, en acheteur de cette même
chose: *et sic talis reditus non est usura, sed vera merx*

1. T. xiv, p. 354. — 2. Loyseau, *Des rentes*, l. 1, ch. 6, n° 7. —
3. Coquille, *C. du Nivern.*, t. vii, art. 9.

et res empta [1]. Et Portalis disait au Corps législatif :
« La constitution de rente viagère (à titre onéreux)
« n'est qu'une manière de vente, même lorsqu'elle est
« faite à prix d'argent... On dispose (de l'argent) par
« forme de louage quand on prête à intérêt, on le
« vend quand on aliène le sort principal moyennant
« une rente. »

Le contrat de rente viagère trouvait en outre sa lé-
gitimité dans les risques sur lesquels il repose. C'est,
en effet, un contrat essentiellement aléatoire, puisqu'il
prend sa base dans les chances de longévité ; et le
créancier se soumet à des éventualités de perte en
échange de ses espérances de gain (*commutatio periculi* [2]). Le revenu assuré au crédi-rentier représente
une chance qui peut tourner à son profit, comme aussi
elle peut tourner contre lui, selon la durée plus ou
moins longue d'une vie humaine. Il y a là un contrat
intéressé de part et d'autre, un contrat commutatif.
Chacune des parties entend recevoir « l'équivalent de
« ce qu'elle donne, soit en quelque chose de réel, soit
« en risques ou en espérances [3] ». *Propter æqualem
incertitudinem, in æqualitate contractus consistit* [4].

Le prêt à intérêt est maintenant permis, et, par suite,
on n'a plus besoin de déguiser sous une appellation
étrangère le vrai caractère du contrat de constitution
de rente. Cependant, la tradition historique qui faisait

1. Dumoulin, *De usuris*, q. 1, n° 21. — 2. Casaregis, Dis. 96,
n° 4. — 3. Poth., *Tr. du cont. de rente*, ch. 8. art. 1. — 4. Casaregis, Dis. 96, n° 4.

de ce contrat une véritable vente, dans laquelle la
rente était la chose vendue, et le capital aliéné, le prix,
a laissé plus d'une trace dans les dispositions des lois
modernes et dans la nomenclature juridique en cette
matière [1]. Le soin apporté autrefois à distinguer ce
contrat du prêt à intérêt, avait fait trouver des dénomina-
tions spéciales; et l'on en rencontre quelques-unes dans
le Code Napoléon; car aujourd'hui on appelle encore
intérêts le produit des sommes prêtées, et *arrérages,*
le produit des rentes [2].

Mais « la vérité est que cette opération se rapproche
« beaucoup plus du prêt à intérêt que de la vente » [3].

Le contrat de constitution de rente est, en effet,
comme le contrat de prêt, un contrat *réel* et *unilatéral.* Un contrat réel : il n'est parfait que par le payement du capital de la constitution ; c'est seulement
« du jour du payement de cette somme que l'obliga-
« tion du constituant est contractée, et que la rente
« commence à courir » [4]. Un contrat unilatéral : il n'y
a que le constituant qui s'oblige. Telle est du moins la
règle à suivre à défaut de convention contraire, car il
est permis aux parties de stipuler que le capital de la
constitution sera payable dans un certain temps.

La vente, au contraire, est un contrat consensuel et
synallagmatique.

Le caractère distinctif du contrat de rente en géné-

1. Art. 1671, 1973, 1977, C. N. — 2. Art. 584, 1155, 1978, 1979,
1983, 2277, C. N. — 3. Demol., t. ix, p. 289. — 4. Poth., *Loc. cit.*

ral, le caractère par lequel ce contrat se sépare du prêt à intérêt, c'est , comme nous l'avons déjà dit, l'inexigibilité du capital prêté, l'*aliénation du sort principal de la rente* Et même, dans le contrat de rente viagère, le sort principal est aliéné plus parfaitement encore que dans le contrat de rente perpétuelle ; « les rentes via- « gères en effet ne sont pas rachetables, car elles for- « ment un contrat aléatoire dont chacune des parties « a le droit de courir les chances [1]. » Le créancier ne peut jamais exiger le remboursement du capital, et le débiteur, éteindre la rente en forçant le créancier à recevoir ce remboursement.

En résumé, le contrat de rente perpétuelle est un prêt à intérêt qui n'oblige l'emprunteur qu'à servir régulièrement les intérêts, et lui permet de restituer le capital quand il lui plaira. Le contrat de rente viagère est un prêt à intérêt modifié par un mélange d'*alea*. Au lieu de restituer en bloc la somme prêtée, à une seule époque déterminée, le débiteur doit la restituer partie par partie, chaque année de la vie d'une personne, en même temps que les intérêts. Mais il y a cette particularité : à la mort de cette personne désignée, le débiteur sera censé avoir remboursé le capital en entier, avec les intérêts produits pendant le temps du prêt, même si en réalité il n'en a rendu qu'une portion ; et d'un autre côté, le créancier sera censé n'avoir été remboursé que du capital prêté et des intérêts, lors

1. Demol., t. ix, p. 292.

même qu'effectivement il aurait reçu davantage. En cela précisément consiste l'*alea*. « Le crédi-rentier ris-
« que un capital certain pour l'espérance d'un revenu
« que la mort lui enlèvera peut-être bientôt, tandis que
« le débiteur est exposé, en cas de longévité du créan-
« cier, à payer en annuités plus qu'il a reçu en capi-
« tal [1]. » Les arrérages des rentes viagères ne sont, par conséquent, au fond, qu'un mélange de revenus et de capitaux. Mais, juridiquement parlant, on ne les consi-dère plus aujourd'hui que comme des revenus [2], à l'in-verse de la doctrine enseignée autrefois, et d'après laquelle ils étaient regardés comme de purs capitaux, afin d'éviter les lois sur l'usure.

C'est également à cause du caractère aléatoire de ce contrat, que l'art. 1976 du C. N. laisse aux parties la liberté de fixer elles-mêmes la quotité de la rente via-gère, « en raison de leurs convenances, de leurs cal-culs et de leurs espérances [3] ». Il ne les oblige pas à établir entre les annuités viagères et le capital versé, une proportion semblable à celle qui doit exister en matière de prêt à intérêt et de rente constituée en perpétuel. Car « il ne peut y avoir de mesure absolue
« pour régler des choses incertaines [4] » ; et le crédi-rentier doit être « indemnisé par l'élévation du taux de
« la rente, de la chance qu'il court de n'en jouir qu'un
« petit nombre d'années, par suite d'un décès pré-

1. Troplong, t. xv, p. 376. — 2. Art. 584 et 588 C. N. — 3. *Le tribun* Siméon, rapport au Tribunat. — 4. Portalis, au Corps légis-latif.

maturé [1] ». Toutefois, cet article n'a pour objet que de protéger des contrats sérieux. Les parties ne sont pas recevables à faire valoir, sous l'apparence d'une constitution de rente viagère, des prêts usuraires semblables, par exemple, à celui de la fameuse scène de l'emprunt, dans l'*Avare*, de Molière [2]. D'un autre côté, si les arrérages ne dépassent pas la somme annuelle qu'on eût retirée du capital de la constitution par un simple prêt à intérêt, le crédi-rentier ne trouve pas dans l'augmentation du revenu une compensation pour l'aliénation du sort principal. Le contrat est alors « censé renfermer une donation qui est faite au cons- « tituant de la somme d'argent qu'il reçoit, sous la « réserve de la jouissance pendant tout le temps que « doit durer la rente, pour le prix de laquelle jouis- « sance le constituant s'oblige à payer la rente. » C'est ce que décidait Pothier [3] sous l'ancienne jurisprudence; c'est aussi ce qu'il faut admettre sous l'empire du Code. « Cette donation étant d'une somme de deniers, elle « reçoit toute sa perfection et sa consommation par la « tradition réelle des deniers qui est faite lors du con- « trat, une donation de deniers, lorsqu'il y a tradition « réelle, pouvant se faire même sans qu'il en soit « passé aucun acte. La constitution de rente n'est « pas la donation même, mais la charge sous laquelle « le don a été fait au constituant, et l'acte ne se passe « que pour la preuve de cette charge [4]. »

---

1. Troplong, t. xv, p. 875. — 2. Acte II, sc. 1. — 3. Pothier, *loc. cit.* — 4. *Id.*

Ainsi l'*alea* est un des caractères distinctifs et consti-
tutifs du contrat de rente viagère. L'avantage ou le
désavantage de ce contrat est caché par la plus impé-
nétrable incertitude ; il dépend de la durée plus ou
moins longue de la vie humaine. Quelque rapide qu'ait
été la réalisation de l'événement qui doit éteindre la
rente (sauf le cas de l'art. 1975, C. N.), le débiteur
n'est tenu de rien restituer, parce qu'il a couru le
risque de servir longtemps des arrérages. Et récipro-
quement, si le débiteur paye en annuités beaucoup
au delà du principal et des intérêts de la somme reçue
pour la constitution, il n'a pas à se plaindre, parce
qu'il a eu la chance de payer beaucoup moins.

Puisqu'il y a un *alea*, c'est donc une gageure, un
pari dans lequel l'un gagne le capital si la mort arrive,
et si elle n'arrive pas, l'autre gagne des annuités?
Assurément, l'élément du pari se trouve mêlé au contrat de rente viagère ; mais il y accompagne l'aliénation
réelle « d'une chose actuelle, positive, matérielle [1] »,
moyennant une suite de redevances ; et cet autre
élément donne à l'opération un caractère plus sérieux.

Mais le but en est-il plus respectable? Le contrat de
rente viagère n'a-t-il pas pour résultat de fonder les
espérances du débiteur sur la mort du créancier (nous
prenons l'hypothèse la plus naturelle), et de convertir
la fortune que celui-ci devrait transmettre à ses héritiers en des revenus destinés à disparaître avec lui? Et

1. Troplong, t. xv, p. 377.

par conséquent, n'a-t-on pas raison de dire que ce contrat est immoral : immoral de la part du débiteur qui formera sans cesse des vœux impies contre la vie de son semblable *(votum mortis continet)* ; immoral de la part du créancier qui se laisse guider par l'égoïsme et veut augmenter son bien-être personnel au détriment de sa famille ? Le débiteur, il est vrai, « spé- « culant sur la mort de celui auquel le créancier au- « gureet souhaite une longue vie [1] », pourra considérer ma mort comme une échange de bonheur. De même il n'y aura quelquefois de la part du créancier qu'un odieux calcul d'avarice et de cupidité. Mais ce sont là des faits accidentels et personnels, et il ne doit pas en re- jaillir de fâcheuses préventions sur le contrat lui-même, car il est fondé en justice ; il prend sa base dans une égalité de chances aléatoires, et de plus il est souvent, comme le disait le tribun Duveyrier, « l'acte le plus « touchant de la bienfaisance, le moyen ingénieux de « multiplier l'or charitable et nourricier, la dernière « et consolante ressource de l'infortune et de la vieil- « lesse », Si donc il peut donner lieu à quelques abus (et quelle est l'institution humaine qui ne dégénère dans des mains habituées à mal faire !), il peut aussi engendrer des bienfaits, « secourir l'humanité souf- « frante, et réparer à l'égard d'une foule d'individus « les torts et les injustices de la fortune [2] ». Une longue expérience l'a consacré. Aussi la loi a-t-elle sagement

1. *Discours du Trib.* Siméon. — 2. Portalis.

fait « de le suivre dans ses motifs si étrangement oppo-
« sés, pour contraindre et gêner ses honteuses combi-
« naisons, pour aider et soutenir ses résultats bienfai-
« sants[1] ». Ne condamnons donc pas une conception
bonne et utile par crainte de quelques abus ; et n'en-
levons pas « le plus favorable appui à l'indigent, à
« l'infirme, au vieillard, qui fondent leur unique
« moyen d'exister sur la fragilité même de leur exis-
« tence, et qui vendent pour vivre le dernier moment
« de leur vie[2] ».

Le contrat de rente viagère a donc en lui-même un
but d'utilité ; et en cela il diffère encore du pari. Ce
dernier contrat ne présente jamais aucun avantage
pour la société : témoin le célèbre pari de Cléopâtre
et d'Antoine, dont tous les autres ne sont qu'une
imitation dans des proportions plus ou moins grandes.

Quelle est la nature du droit conféré au crédi-rentier
viager ?

C'était autrefois et c'est encore aujourd'hui un point
controversé que de savoir si les rentes viagères ont un
capital, si elles constituent un droit distinct des arrérages. Pothier soutenait la négative[3]. Voici comment
il raisonnait : « La somme qui a été payée pour le prix
« de la constitution de la rente viagère est entière-
« ment perdue pour le créancier de la rente ; il n'en
« demeure en aucune manière créancier, et elle ne

1. Le tribun Duveyrier. — 2. Id. — 3. Tr. des contr. de rente,
ch. 8, art. 5.

« doit jamais lui retourner. La rente n'est donc la
« créance d'autre chose que des arrérages qui en doi-
« vent courir pendant le temps de sa durée; ces arré-
« rages font tout le principal, tout le fonds et l'être
« entier de la rente viagère ; elle s'acquitte et s'éteint
« par partie, à mesure que le créancier les reçoit; le
« payement de ce qui restait dû et couru jusqu'à la
« mort de la personne sur la tête de laquelle elle était
« constituée, achève de l'éteindre entièrement. »
Casaregis [1] avait déjà formulé cette opinion en quelques
mots : *In effectu fructus qui percipitur ex juribus
vitalitiis, revera non est fructus, sed potius distri-
butiva exactio sortis sub incerto eventu.*

Cette doctrine avait été imaginée dans le principe
pour effacer toute idée de rapprochement entre le prêt
à intérêt et le contrat de rente viagère, et aussi pour
soustraire ces rentes à certaines prohibitions qui frap-
paient les rentes perpétuelles. Mais on la combattait
vivement dans l'ancien droit, et Pothier lui-même
nous avoue qu'elle ne prévalait pas au palais. C'est
encore Pothier qui nous indique les arguments qu'on
lui opposait : « Le droit de créance de rente viagère
« est, disait-on, un droit qui produit et fait naître des
« arrérages contre le débiteur, de même que le droit
« de créance de rente perpétuelle, avec cette diffé-
« rence seulement, que le droit de rente perpétuelle
« étant un droit perpétuel de sa nature, en produit à

1. *Disc.* 96, n° 14.

« perpétuité; le droit de rente viagère qui est un droit
« dont la durée est bornée, en produit seulement
« pendant le temps de sa durée. C'est pourquoi, de
« même que les coutumes ont feint dans les rentes per-
« pétuelles un être moral et intellectuel de créance,
« distingué par l'entendement des arrérages qu'il pro-
« duit, quoique dans la vérité ces rentes perpétuelles
« ne soient autre chose que la créance de tous les
« arrérages qui courront jusqu'au rachat, de même
« on peut aussi, dans les rentes viagères, feindre et
« supposer un être moral et intellectuel de créance,
« distingué des arrérages de la rente viagère qu'il
« produit, et qui ne diffère de celui que l'on consi-
« dère dans les rentes perpétuelles, qu'en ce que
« celui-ci est un être perpétuel, au lieu que celui que
« l'on considère dans les rentes viagères est un être
« périssable dont la durée est bornée au temps de la
« vie de la personne sur la tête de qui elles sont créées.
« En effet, de même que les rentes perpétuelles, les
« arrérages de la rente ne sont considérés que comme
« des fruits civils de la rente; de même, dans les
« rentes viagères, les arrérages de la rente viagère
« sont considérés, non comme l'objet principal du
« droit de créance de la rente viagère, mais comme
« étant pareillement les fruits civils de la rente. via-
« gère. »

Ces motifs ont d'autant plus de force sous la législation actuelle, que l'art. 584 du C. N. range dans la
classe des fruits civils les arrérages des rentes, sans

faire aucune distinction entre les rentes perpétuelles et les rentes viagères. De plus, en présence des art. 588, 1909, 1910 et 1977 du même Code, il nous semble impossible de ne pas admettre qu'il y a dans la rente viagère un droit supérieur, une créance productive d'arrérages, un être moral et intellectuel par lequel les arrérages sont engendrés.

Si, en effet, aux termes de l'art. 584, les arrérages d'une rente viagère sont des fruits civils, nécessairement on ne doit pas les considérer comme le fonds même de la rente, l'être même de la rente. L'art. 588, plus explicite encore, accorde à l'usufruitier d'une rente viagère, non pas les intérêts des arrérages (ce qu'on déciderait, d'après les principes de l'usufruit, si les arrérages étaient le fonds même de la rente), mais les arrérages eux-mêmes, *sans être tenu à aucune restitution.* On retrouve la même théorie dans les art. 610 et 1401 n° 2. L'art. 1977 prévoit formellement le cas où le constituant peut se faire rembourser le *capital* de la rente. Enfin il est dit dans les art. 1909 et 1910 « que les arrérages de rentes viagères sont les *inté-* « *rêts* d'un *capital* que le prêteur s'interdit d'exiger. »

Sous l'ancienne jurisprudence on discutait aussi cette question : Les rentes viagères sont-elles meubles ou immeubles ? L'art. 529 du C. N. a tranché toute difficulté à ce sujet. De quelque manière qu'elles aient été constituées, elles rentrent dans la classe des meubles. Lors donc qu'un crédi-rentier viager se marie sous le régime de la communauté légale, la rente à laquelle il a droit tombe d'une manière définitive dans le fonds commun [1] ; et en cas de dissolution de la communauté, cette rente sera partageable, pour les arrérages à échoir, entre les deux époux, ou entre l'époux survivant qui l'a apportée et les héritiers de l'époux prédécédé, suivant les cas.

Le contrat de rente viagère peut être constaté par acte sous-seing privé aussi bien que par acte authentique. Comme ce contrat est unilatéral, si les parties emploient la première de ces deux formes, il suffit que l'acte soit signé du constituant. Il n'est pas nécessaire qu'il soit fait double. Il ne fait foi de sa date à l'égard des tiers, que si l'une des conditions prévues par l'art. 1328 est remplie.

La loi du 22 frimaire an VII [2], soumet ces sortes de constitutions de rentes viagères à un droit proportionnel d'enregistrement de 2 fr. par 100 fr., en prenant pour base le capital versé.

Maintenant que nous connaissons le caractère du contrat de rente viagère, nous pouvons établir les différences qui existent entre ce contrat et le contrat de rente perpétuelle, en dehors de cette circonstance que la rente est temporaire dans le premier, perpétuelle dans le second.

---

1. A moins, bien entendu, que la rente, constituée à titre gratuit, ne soit incessible et insaisissable ; car alors le droit de rente serait propre à l'époux ; il n'y aurait de communs que les arrérages échus pendant la durée de la communauté. Art. 1401 2°, C. N. — C. de Cass., 30 avril 1862. (D. P. 1862, p. 522.)—2. Art. 14, 6°. — Art. 69, § 5, 2°.

1° Le contrat de rente viagère contient un élément qui fait absolument défaut dans le contrat de rente perpétuelle : l'*alea*.

2° Il n'y a pas de taux fixé pour la rente viagère, tandis que la rente perpétuelle est renfermée dans les limites de l'intérêt légal.

3° On ne peut constituer une rente perpétuelle que sous la faculté de rachat. Cette faculté n'a pas lieu, en principe, dans le contrat de rente viagère : *sors totalem sentit mortem*, disent les docteurs.

4° C'est une vérité reconnue par tous que dans la rente perpétuelle il y a un capital distinct des arrérages ; tandis que ce point est sujet à controverse pour la rente viagère.

5° Le défaut de payement des arrérages d'une rente perpétuelle pendant deux ans, autorise le créancier à répéter la somme versée pour la constitution. Le créancier d'une rente viagère, en pareil cas, « n'a « que le droit de saisir et faire vendre les biens de « son débiteur, et de faire ordonner ou consentir, « sur le produit de la vente, l'emploi d'une somme « suffisante pour le service des arrérages [1] ».

6° Lorsqu'un héritage affecté par hypothèque à la garantie d'une rente perpétuelle est vendu sur expropriation forcée, le crédi-rentier qui se trouve en ordre utile, peut demander le remboursement du capital qu'il a payé. S'il s'agit au contraire d'une rente viagère, le

---

1. Art. 1978 C. N.

crédi-rentier était seulement admis autrefois à réclamer, sur le prix de vente de l'immeuble, le capital nécessaire pour acquérir une rente semblable. L'art. 1978
du C. N. ne lui permet aujourd'hui que d'exiger le
placement d'un capital produisant tous les ans une
somme d'intérêts égale au montant des arrérages.

7° La caution d'une rente perpétuelle a la faculté, au
bout de dix ans, d'obliger le débiteur à lui rapporter
sa décharge [1]. La caution d'une rente viagère ne peut
le faire avant l'extinction de la rente.

Le refus de la part du constituant d'une rente soit
perpétuelle soit viagère, de remplir les conditions stipulées, est, pour le créancier, un motif de résolution
du contrat, et de répétition du capital de la constitution. Cependant, dit Pothier [2], « deux choses sont
« particulières au contrat de rente viagère : la pre-
« mière est que, dans le cas d'inexécution des condi-
« tions du contrat, si avant que l'acquéreur s'en soit
« plaint..., la rente vient à s'éteindre par la mort du
« crédi-rentier, l'acquéreur et ses héritiers ne sont
« plus recevables à s'en plaindre, n'ayant plus d'intérêt
« à l'inexécution de ces conditions, puisque la rente
« ne subsiste plus. La seconde chose qui est à observer
« est que lorsque la rente viagère est plus forte que
« l'intérêt légitime de l'argent, les arrérages, en ce
« qu'ils excèdent ce taux, étant le prix du risque de
« gagner ou de perdre que courent les parties, la

1. Art. 2032 C. N. — 2. Tr. du contr. de rente, ch. 8, art. 1.

« rente doit, du jour que la résolution du contrat a été
« ordonnée par un jugement qui n'a point été suspendu
« par appel, cesser de courir sur le pied qu'elle a été
« constituée, elle ne doit plus courir que sur le pied du
« denier vingt. »

Voilà en quoi diffèrent ces deux contrats. Mais tous
les deux sont, en principe, des modifications diverses
du prêt à intérêt, des contrats réels et unilatéraux.

II.

VENTE A CHARGE DE RENTE VIAGÈRE.

Une rente viagère, avons-nous dit, peut être constituée en échange de la cession d'un immeuble ou
d'une chose mobilière autre qu'un capital en argent [1],
mais alors l'opération ne s'appelle plus *contrat de
rente viagère*. C'est une espèce particulière d'*aliénation à fonds perdu*, connue sous le nom de *vente
à charge de rente viagère*; c'est une vente dont le prix
consiste en une rente viagère [2]. La constitution de
rente, en effet, n'est pas l'objet principal du contrat,

1. Quand une rente viagère est constituée moyennant la cession
d'une créance, on ne considère pas la rente comme étant le prix de
cette cession; elle apparaît plutôt comme l'objet principal du contrat.
Il y a dans cette opération un contrat de rente viagère, et non pas
une vente ou cession de créance à charge de rente viagère. Car une
créance n'est que la représentation d'une valeur pécuniaire, et n'existe
que pour s'éteindre un jour. — 2. Merlin, *Rép.* v° *Vente à fonds
perdu*.

le but dominant des parties. Il s'agit plutôt de la transmission d'une chose mobilière ou immobilière. On n'a créé la rente qu'à titre de prix.

Sauf les exceptions que nécessite sa nature aléatoire, ce contrat est soumis aux principes généraux de la vente. « Il s'opère une mutuelle réaction de la vente « sur la rente viagère, et de la rente viagère sur la « vente, qui, sans faire rétracter aucune des règles « fondamentales en ces matières, conduit cependant « à les modifier [1]. »

La vente à charge de rente viagère est, comme toute autre vente, un contrat consensuel et synallagmatique. Dans les différentes hypothèses qui se présentent, on détermine l'effet qu'elle produit d'après les distinctions établies pour les ventes ordinaires. Supposons, par exemple, la vente pure et simple, moyennant une rente viagère, d'un objet certain, appartenant au vendeur. La translation de propriété, entre les parties au moins, s'accomplit instantanément par la seule force de leur consentement réciproque; il naît pour le vendeur l'obligation d'effectuer la délivrance, et pour l'acheteur, celle de servir la rente. Désormais l'acheteur supportera tous les risques de la chose aliénée; le vendeur ne répondra plus que de sa faute ou de sa négligence.

Aucune formalité spéciale n'est requise pour constater l'existence de la convention. On emploiera indiffé-

---

1. Troplong, t. xv, p. 390.

remment l'acte sous signatures privées ou bien l'acte
notarié. Seulement, dans le premier cas, l'acte doit
être fait en autant d'originaux qu'il se trouve de parties
ayant un intérêt distinct [1], et n'acquiert date certaine
vis-à-vis des tiers que par son enregistrement, ou par
l'une des deux autres circonstances relatées dans
l'art. 1328, C N.

Lorsqu'une pareille vente porte sur un immeuble ou
sur quelqu'un des droits énumérés dans la loi du 23
mars 1855, elle n'est opposable aux tiers que par la
transcription du titre au bureau des hypothèques, conformément aux dispositions de cette loi

Mais tandis que le vendeur en général a contre l'a-
cheteur l'action en résolution de la vente pour cause
de non-payement du prix, le seul défaut de payement
des arrérages ne saurait autoriser une demande semblable de la part du crédi-rentier. Nous avons déjà cité
l'art. 1978. Nous le commenterons ultérieurement avec
plus de détails. Il déroge expressément à l'art. 1654
et à l'art 1184. Les intérêts du créancier de la rente
viagère ont paru suffisamment garantis par le droit
d'exécution sur les biens du débiteur, et par l'emploi
d'une somme pour assurer le service des arrérages.
L'intention des parties a été de soumettre le contrat
aux chances du hasard. La loi devait donc autant que
possible abandonner à la fortune le soin d'amener la
solution attachée à ses incertitudes. « Le temps n'a pas

1. Art. 1325 C. N.

« laissé les choses entières, et il y a plus d'inconvé-
« nients dans ce contrat que dans tout autre à briser les
« rapports respectifs [1]. »

On n'avait pas la même raison de refuser à ce vendeur les priviléges des art. 2102 et 2103 du C. N.
Aussi lui est-il permis d'en profiter, toutefois avec la
modification apportée par l'art. 1978. Nous l'admet-
trions également à exercer la revendication de l'article 2102.

Le prix est un des éléments essentiels de la vente :
res, pretium, consensus. Une vente sans prix n'est
pas une vente; et quand le prix n'est pas sérieux, c'est-
à-dire quand il *est d'une somme de néant,* et que les
parties en ont considéré la fixation uniquement comme
un jeu (*nugatorium pretium*), c'est absolument la
même chose que s'il n'en avait pas été stipulé De plus
les ventes d'immeubles sont rescindables pour cause
de vilité de prix. On appelle prix vil celui qui est infé-
rieur aux 5/12 de la valeur réelle de l'objet aliéné,
tout en étant un prix sérieux. Il y a là une question
de fait dont les tribunaux sont seuls juges. Il importe
beaucoup de ne pas confondre ces deux choses : le prix
non sérieux qui est un motif de nullité radicale de toute
vente, et le prix vil, qui donne simplement lieu à une
action en rescision pour le vendeur d'immeubles (action
dont l'exercice est facultatif de sa part). Dans une vente
à charge de rente viagère, la rente doit constituer un

1. Troplong, t. xv, p. 404.

prix sérieux. Si elle est entièrement illusoire par son extrême modicité, comme si je vends une maison importante pour une rente viagère de 5 francs, la vente est nulle *ipso jure*. Au contraire en principe le caractère aléatoire de ces sortes de ventes les préserve de toute action en rescision pour cause de lésion de plus des 7/12. Nous disons : en principe, car il faut bien le reconnaître, quand la quotité de la rente est telle, qu'en admettant les circonstances les plus favorables au vendeur, la somme des arrérages n'égalera évidemment jamais les 5/12 de la valeur réelle, le vendeur a le droit d'attaquer la vente pour vilité du prix.

Mais le contrat, nul ou rescindable comme vente, pourrait être maintenu comme libéralité avec charge de rente viagère. Une jurisprudence constante valide les donations déguisées sous la forme d'un contrat à titre onéreux [1]. Il suffirait, dans notre espèce, que le vendeur ait implicitement ou explicitement manifesté l'intention de gratifier l'acheteur.

L'aliénation d'un immeuble à charge de rente viagère soulève plusieurs questions assez délicates lorsque le vendeur ou l'acheteur se marie plus tard sous le régime de la communauté, et lorsque, consentie par un époux commun en bien, elle a pour objet un immeuble propre à cet époux.

Passons en revue ces diverses hypothèses.

Et d'abord, c'est le vendeur crédi-rentier qui se

1. C. de Dijon, 24 fév. 1865 (Sirey, 1865, 2, 141).

marie. Nous avons déjà donné la solution. La rente viagère, étant un droit mobilier, tombe dans la communauté, quant aux arrérages et quant au fond même du droit [1].

Supposons au contraire le mariage de l'acheteur débi-rentier. La rente est le prix de l'immeuble, en partie du moins. Elle sera donc due par la communauté sans récompense pour la fraction des arrérages correspondant au revenu de l'immeuble, mais sauf récompense pour le surplus. C'est un cas d'application de l'art. 1409 § 1 du C. N. [2].

Enfin, pendant le mariage, un époux commun en biens aliène un immeuble à lui propre, moyennant une rente viagère à son profit : y a-t-il lieu à récompense de la part de la communauté relativement aux arrérages qu'elle perçoit ? Dans l'ancienne jurisprudence on admettait généralement l'affirmative. On discutait seulement sur la manière de régler la récompense. Lebrun [3] obligeait la communauté à restituer les arrérages touchés par elle, moins les intérêts de ces mêmes arrérages. D'après Pothier [4], la récompense consistait dans l'excédant des arrérages perçus sur le revenu de l'héritage. Aujourd'hui les auteurs ne sont pas plus d'accord qu'autrefois. Ils suivent en grand nombre la doctrine de Pothier. Ce système paraît beaucoup plus en harmonie que tout autre avec la nature de la rente

1. Cass. 30 avril 1862 (D. P. 1862, 1, 522). — 2. Cass. 13 juill. 1863 (D. P. 1863, 1, 393). — 3. Communauté, L. 1, ch. 5, dist. 2, n° 64. — 4. Communauté, n° 593.

viagère, prix du propre aliéné. La communauté en effet s'est enrichie de la différence entre les arrérages et le revenu. Par conséquent, elle en devrait tenir compte. Mais on objecte l'art. 588 du C. N. Cet article, dit-on, attribue à l'usufruitier d'une rente viagère la totalité des arrérages échus pendant la durée de l'usufruit. Pourquoi n'en serait-il pas de même de la communauté? Les arrérages de la rente sont considérés par la loi comme de simples revenus ; de simples fruits [1]. La communauté ne doit donc aucune indemnité pour ceux qu'elle a reçus. C'est volontairement que l'époux a converti son fonds en des revenus ; et s'il augmente ses revenus par une opération faite sur ses propres, il ne peut rien réclamer à la communauté, pas plus qu'il n'est forcé de lui garantir la jouissance d'un bien propre. Il n'y a que le droit de rente lui-même qui appartienne exclusivement à cet époux. Aussi lui profitera-t-il désormais à lui seul après la dissolution de la communauté , s'il subsiste encore. Cette opinion nous paraît préférable. En vertu de ce principe, qu'il n'est dû à la communauté aucune récompense pour privation de la jouissance d'un propre, nous déciderons également que si l'un des époux, ayant une rente viagère en propre, l'aliène comme prix d'achat d'un immeuble, la communauté ne sera pas indemnisée pour la diminution de revenus qu'elle subit. « La communauté n'a pas un droit principal et *a priori* sur les

---

1. Art, 584 C. N.

« liens des époux ; elle a seulement un droit subsi-
« diaire essentiellement subordonné à celui de l'époux
« lui-même, susceptible de s'accroître ou de diminuer,
« suivant les opérations que le propriétaire est tou-
« jours libre de faire [1] ».

Au point de vue de la loi fiscale, la vente à charge
de rente viagère est passible du même droit de mutation que les autres ventes. Selon que l'objet transmis
est un meuble ou un immeuble, ce droit est de 2 ou
de 5 1/2 pour cent[2] sur la valeur estimative de cet objet,
déclarée par les parties contractantes, sauf la faculté de
contrôle donnée à l'administration de l'enregistrement. On n'applique plus en cette matière le droit de
2 pour cent établi pour les constitutions de rentes viagères moyennant une somme d'argent. Car ce n'est pas
la constitution de la rente qui fait l'objet principal du
contrat de vente à charge de rente viagère, c'est la
transmission de l'effet mobilier ou immobilier.

III.

SUR QUELLES TÊTES LA RENTE VIAGÈRE PEUT-ELLE ÊTRE CONSTITUÉE ?

« La rente viagère étant une opération dont l'exis-
« tence et la durée sont réglées, comme son nom
« l'indique, sur la vie d'une personne, il est indispen-

1. Rodière et Pont, n° 716, C. de mar. — 2. L. 22 frim. an VII,
art. 69, § 5, 1°.—L. 28 avril 1816, art. 52.

« sable que l'acte de constitution contienne implici-
« tement ou explicitement l'indication de la per-
« sonne dont la vie donnera la mesure de la durée de
« la rente [1]. »

« L'usage le plus ordinaire, disait le tribun Duveyrier, « est que la rente viagère soit constituée sur la
« tête de celui qui l'acquiert et qui en paye le prix.
« C'est la conséquence naturelle de son objet d'être
« attachée à la vie même qu'elle est chargée d'entre-
« tenir. »

Et telle est l'intention présumée des parties en l'ab-
sence de toute stipulation à cet égard.

On peut également constituer une rente viagère sur
la tête d'une personne qui n'est point intéressée à la
convention [2]. Mais alors, si l'on fait figurer son nom
au contrat, ce n'est pas pour lui en procurer les
avantages, c'est uniquement pour trouver dans son
existence une règle de temps et de durée. La rente
sera due pendant toute la vie de ce tiers, et s'éteindra
avec lui. Peu importe l'époque de la mort du crédi-
rentier. Suivant que cet événement aura lieu avant ou
après le décès du tiers désigné, les héritiers du créancier profiteront de la rente [3], ou le créancier lui-même
en sera privé. Tout cela, bien entendu, sans préjudice
de conventions contraires.

La présence de ce tiers au contrat n'est jamais nécessaire; son consentement non plus. De même, on

1. P. Pont, *Petits contr.* p. 348. — 2. Art. 1971 C. N. — 3. Cass.
29 mai 1865 (D. P. 1865, 1, 364).

n'exige pas qu'il réunisse les conditions ordinaires
d'aptitude et de capacité. La raison en est évidente : il
n'acquiert aucun droit, et il ne contracte aucune obligation.

. Une autre combinaison serait d'établir la rente sur
la tête du débiteur lui-même. La loi ne s'y oppose
pas.

Enfin, d'après l'art. 1972, il est permis de multiplier le nombre des têtes sur lesquelles la rente est
assise, « soit pour en attribuer successivement la
« jouissance aux personnes sur la tête desquelles elle
« est constituée, soit pour en constituer la jouissance
« à soi-même et à ses héritiers, jusqu'à l'extinction
« de toutes les têtes qui entretiennent et prolongent
« sa durée [1]. » Par ce moyen, on diminue autant que
possible les risques inséparables de la vie humaine.
Mais il faut que l'acte de constitution indique les personnes appelées à profiter de la rente. Car l'*alea* ne
doit pas dépendre du fait des parties [2]. Une pareille
constitution ne modifie en rien la liquidaton de l'impôt en cette matière. L'art. 14, n° 9, de la loi du
22 frimaire an VII est formel : « Il ne sera fait aucune
« distinction entre les rentes viagères et pensions
« créées sur une seule tête, et celles créées sur plusieurs
« têtes, quant à l'évaluation. »

Ainsi, on est libre de mesurer la durée de la rente

---

1. *Le tribun* Duveyrier (Fenet, t. XIV, p. 562). — 2. C. de Caen,
16 mars 1852 (D. P. 53, 2, 95).

sur la vie des personnes au profit desquelles cette
rente est créée, ou bien sur la vie de personnes qui
n'ont aucun droit d'en jouir[1].

Quel sera le sort de la rente, si l'une des vies qui
en règle le cours vient à finir? La rente est-elle diminuée
de moitié, d'un tiers, d'un quart, suivant qu'elle est
établie sur deux, trois ou quatre têtes? Ou bien, au
contraire, subsiste-t-elle dans son entier?

Il n'y a pas de difficulté pour l'hypothèse où la
constitution est faite sur la tête de deux individus
étrangers au contrat. La mort de l'un d'eux ne cau-
sera aucune diminution de la rente; tout le monde le
reconnaît. La rente sera due intégralement jusqu'au
décès du dernier mourant.

Quand il s'agit d'une constitution sur la tête et au
profit de deux mêmes personnes, la question est con-
troversée. Nous n'hésitons cependant pas à admettre
la solution précédente. Dans les deux circonstances, en
effet, on a fondé une rente sur deux têtes, et non pas
deux rentes distinctes. La condition d'extinction de
cette rente est un double décès. Or, tant que l'un des
deux seulement a eu lieu, la condition ne s'est pas
réalisée, et par suite, la rente n'a pas perdu son intégrité.

Pour prévenir toute discussion à ce sujet, on stipule
ordinairement que la rente sera réversible en totalité
sur la tête du survivant. Nous étudierons plus tard la
clause de réversibilité au point de vue des droits qu'elle
confère au crédi-rentier survivant.

1. Art. 1972.

Aux termes de l'art. 1974 du C. N., « tout contrat « de rente viagère créé sur la tête d'une personne qui « était morte au jour du contrat ne produit aucun « effet. » C'est là du reste une conséquence de la règle générale qui annule toute convention basée sur des choses qui n'existent pas. De plus, il manque à l'opération un de ses éléments essentiels : l'*alea*. Que les deux parties aient ignoré cette mort, ou qu'elle ait été cachée uniquement à l'acquéreur de la rente, le contrat n'en est pas moins affecté d'une cause de nullité. Et même si la rente était constituée sur la tête de plusieurs personnes, et que l'une d'elles fût décédée à l'époque de la convention, à l'insu de l'acquéreur, l'erreur où celui-ci s'est trouvé suffirait, la plupart du temps, pour le faire relever de son engagement.

La décision de cet art. 1974 peut être rapprochée de celle de l'art. 2056 du même code.

Mais n'est-elle pas en opposition avec l'art. 365 du C. de Comm. ? Le contrat d'assurance maritime (contrat aléatoire par excellence) est valable malgré la perte ou l'arrivée des objets assurés avant la signature de l'acte, si l'événement est inconnu de la partie intéressée. Cependant les risques ont totalement disparu. Il serait plus vrai de dire que cet art. 365 du C. de Comm. est une dérogation au droit commun, dérogation fondée sur la nature particulière et les besoins des opérations maritimes. On ne l'étend même pas aux assurances terrestres. On n'a donc pas à s'étonner que les deux contrats d'assurance maritime et de rente viagère se séparent l'un de l'autre sur la question spéciale du risque putatif.

Quelquefois le débi-rentier seul ignore la mort de celui sur la tête duquel il constitue une rente viagère. Alors le contrat est évidemment nul comme contrat de rente viagère; mais le prétendu acquéreur de la rente, qui connaît l'événement et qui dispose néanmoins d'un objet mobilier ou immobilier en faveur du consti- tuant, peut être présumé avoir voulu faire une libéra- lité[1]. Suivant les cas il y aura don manuel ou donation déguisée sous la forme d'un contrat à titre onéreux : deux choses également permises.

Nous n'avons pas restreint l'application de l'art. 1974 au seul cas où la rente viagère est établie sur la tête d'une ou plusieurs personnes tierces ; car il n'est pas impossible de supposer une rente viagère assise sur la tête de l'acquéreur lui-même qui serait décédé au mo- ment du contrat. C'est en effet ce qui arriverait si un mandataire signait un contrat de constitution de rente viagère au profit et sur la tête de son mandant, après la mort de celui-ci, le croyant encore vivant.

Pour la validité du contrat de rente viagère il est donc nécessaire que la rente soit constituée sur la tête d'une personne vivante lors du contrat. Il faut en outre que la vie de cette personne ne se trouve pas frappée à cette époque d'un mal qui rende la mort imminente. Autrefois on laissait au juge un pouvoir

1. Art. 1157 C. N.

discrétionnaire d'appréciation. C'était à lui à décider s'il y avait lieu d'annuler la convention. L'article 1975 a posé des règles plus précises. La personne dont la vie doit régler la durée de la rente, est-elle atteinte de maladie au jour du contrat; est-elle morte de cette maladie, et cette mort est-elle survenue dans les vingt jours de l'acte de constitution ? Quand ces trois conditions se trouvent réunies, il y a une présomption *juris et de jure* que le risque n'était pas suffisant pour donner au contrat un caractère vraiment aléatoire ; et le contrat n'a aucune valeur.

Le demandeur en nullité aura à prouver ces trois choses pour justifier son action.

Par ce mot de maladie, on entend un état de santé tel, qu'il inspire des inquiétudes sérieuses et fondées.

La vieillesse, quelque avancée qu'elle soit, n'est pas une maladie dans le sens de l'art. 1975 ; de même la grossesse de la femme sur la tête de laquelle on aurait constitué la rente , à moins que cette grossesse ne fût déjà compliquée de symptômes maladifs alarmants.

D'un autre côté, la mort survenue dans le délai fixé, par suite d'une autre cause que la maladie existant lors du contrat, par suite d'un duel, je suppose, n'entraînerait pas l'annulation.

Enfin, on ne compte jamais dans les 20 jours, le jour du contrat, *dies a quo*.

Cet art. 1975 n'est pas seulement fait en vue d'une constitution de rente sur la tête d'un tiers; on l'applique également si la rente a été établie sur la tête de l'acquéreur lui-même malade. Il a en effet ces deux buts : protéger les parties contre l'erreur et le dol, et éloigner du lit d'un moribond de coupables tentatives.

Quant à l'ignorance des parties relativement à l'état de santé de cette tierce personne, nous ferons la même distinction que précédemment. Si la maladie est inconnue des deux parties ou simplement de l'acquéreur de la rente, le contrat ne produit aucun effet. Si elle n'est ignorée que du constituant, on pourra valider le contrat comme contenant une donation.

Le mourant peut avoir connaissance de son état, et constituer néanmoins une rente sur sa propre tête. Mais alors le contrat ne vaudrait, en principe, ni comme contrat de rente viagère, ni comme donation déguisée. Car cette connaissance n'exclut pas l'espoir de revenir à la vie, espoir qui subsiste jusqu'au dernier instant dans le cœur de l'homme.

La volonté de donner est donc, dans ce cas, trop incertaine pour être admise *de plano*.

Si la rente est établie sur deux têtes, et que l'une d'elles vienne à s'éteindre dans les circonstances prévues par l'art. 1975, le contrat n'est pas frappé de nullité. Cet article édicte une présomption rigoureuse : on ne doit donc pas l'étendre au delà de ses termes précis, le contrat étant d'ailleurs aléatoire *ab initio*, à raison de l'existence de l'autre tête [1].

1. C. de Bordeaux, 10 fév. 1857 (D. P. 1858, 2, 7). — C. de Lyon, 1er juill. 1858 (D. P. 1859, 2, 27).

Nous avons vu que la vente àcharge de rente viagère peut être constatée par acte sous signatures privées. Mais les art. 1322 et 1328 du C. N , d'après
lesquels l'acte sous seing privé fait foi de sa date entre
les parties qui l'ont souscrit et leurs héritiers, n'empê-
cheraient pas les héritiers du vendeur de se prévaloir
de la nullité du contrat en vertu de l'art. 1975. Ces héritiers doivent être admis à décliner la date apparente de
l'acte qui milite contre eux, et à prouver qu'elle manque
de sincérité. Eux seuls, presque toujours, ont intérêt à
demander cette nullité, et ils sont de véritables tiers
pour mettre en lumière la fraude [1].

Il en serait de même, à plus forte raison, du cura-
teur à une succession vacante [2].

IV.

AU PROFIT DE QUI LA RENTE VIAGÈRE PEUT-ELLE ÊTRE CONSTITU

Ordinairement la rente viagère est constituée sur la
tête et au profit de celui qui fournit le capital de la
constitution, ou qui vend l'objet mobilier ou immobilier dont elle est le prix.

Quelquefois, nous venons de le voir, on l'établit
sur la tête d'une personne étrangère au contrat.

1. C. de Bordeaux, 16 août 1852 (D. P. 56, 2, 19). — C. de Cass.,
6 avril 1842 (D. P. 42, 1, 199). — 2. C. de Paris, 25 août 1864 (Rev.
du notariat, janvier 1865, n° 1022).

Quelquefois enfin elle est créée au profit d'un tiers. C'est ce que décide l'art. 1973 du C. N., par application et même par extension de l'art. 1121. Car il est conçu en termes généraux ; et il n'y pas à distinguer si la constitution est « la condition d'une stipulation que l'on fait pour soi-même ou d'une donation que l'on fait à un autre », ou bien au contraire si elle est pure et simple.

Dans les cas prévus par cet art. 1973, le contrat de constitution de rente viagère présente un double caractère ; il est à la fois un contrat à titre onéreux et une libéralité : contrat à titre onéreux (du moins en général, la rente pouvant être la condition d'une donation), entre la personne qui aliène le capital mobilier ou immobilier de la constitution, et celle qui s'engage à servir les arrérages. Libéralité ou contrat à titre gratuit, entre celui qui procure le capital et celui qui doit toucher les arrérages ; le crédi-rentier, en effet, n'a rien fourni en échange de la rente dont il devient titulaire.

Cette libéralité n'est point assujettie aux règles de forme des donations en général [1]. La raison en est toute naturelle : c'est que le fait principal et dominant est ici le contrat intervenant entre le vendeur et l'acheteur ; la donation n'est qu'accessoire.

Le tiers donataire doit accepter la donation pour qu'elle soit définitive et irrévocable. Tant qu'il ne l'a

1. Art. 1973.

pas fait, il n'existe de la part du donateur qu'une simple pollicitation ou promesse qui peut être retirée [1]. L'acceptation, dans ce cas particulier, résulterait de cette seule circonstance qu'on aurait touché un terme de la rente. Elle n'est pas soumise à une formalité spéciale.

« Mais si sous le rapport de la forme la libéralité « échappe aux conditions de solennité exigées par « l'art. 1969, elle doit cependant subir les principes « particuliers aux donations, alors qu'elle est faite à « une personne incapable de recevoir, ou qu'elle « excède la quotité disponible [2] », ou bien enfin qu'elle rentre dans un des cas de révocation prévus par l'article 953 du C. N. Seulement les causes d'annulation, de révocation ou de réduction dont elle serait affectée, n'auraient aucune influence sur l'efficacité du contrat principal. Le constituant n'a en effet aucune qualité pour faire valoir la nullité ou l'excès de la libéralité. Les héritiers du donateur, ou, « suivant l'occurrence », le donateur lui-même, en profiteront seuls, et toucheront les arrérages à la place de la personne gratifiée.

Toutefois il est permis au débi-rentier d'invoquer la révocation de la donation pour cause de survenance d'enfant au donateur, « non pas sans doute pour se « dispenser d'une manière absolue du service de la « rente, mais pour se mettre à l'abri du recours que « pourraient plus tard exercer contre lui le donateur « et ses héritiers [3] ».

1. Art. 1121. — 2. Troplong, p. 412. — 3. P. Pont, p. 355.

D'après l'art. 11 de la loi du 22 frimaire an VII, sur l'Enregistrement, « lorsque dans un acte quelcon-
« que... il y a plusieurs dispositions indépendantes,
« ou ne dérivant pas nécessairement les unes des
« autres, il est dû pour chacune d'elles un droit par-
« ticulier. » L'attribution à un tiers qui accepte, d'une rente viagère stipulée comme prix d'une vente, ou constituée moyennant une somme d'argent, donne-t-elle lieu à la perception d'un droit spécial de mutation ? En d'autres termes, l'opération complexe dont s'occupe l'art. 1973 du C. N. est-elle passible de deux impôts distincts, et la régie percevra-t-elle cumulativement un droit de vente ou de rente viagère, et de plus un droit de donation? Non, a dit jusqu'à ces derniers temps la jurisprudence [1] ; le droit de vente ou de rente viagère est seul exigible. Les motifs en sont résumés en quelques mots dans un arrêt de la Cour de cassation du 21 juin 1847 : « La disposition relative
« à cette libéralité n'intervient que comme une
« condition ou une charge imposée au débiteur de la
« rente, et c'est à raison de la dépendance dans la-
« quelle elle se trouve ainsi placée que l'art. 1973 du
« C. N. déclare que l'acte qui la contient n'est pas assu-
« jetti aux formes requises pour les donations, lais-
« sant par là à l'acte de constitution de rente les
« formes et le caractère d'un contrat à titre onéreux,

1. C. de Cassation, 21 juin 1847 (D. P. 47, 1, 242). — 12 avril. — 10 mai 1854 (D. P. 54, 1, 219 et 224). — 19 août 1857 (D. P. 57, 1, 330) ; *Anal.*, 21 mai 1860 (D. P. 60, 1, 312).

« sauf les cas de réduction et de nullité énoncés en
« l'art 1970 du même Code. » Il y a donc deux dispositions dépendantes, et corrélatives qui dérivent nécessairement l'une de l'autre, et par conséquent il n'est
dû qu'un seul droit. Mais la Cour de cassation est
revenue sur ses premières décisions. Par un arrêt de la
Ch. civ. [1], précédé de quelques mois d'un arrêt des
Ch. réunies [2], rendu dans une espèce à peu près semblable, elle s'est formellement prononcée pour l'exigibilité des deux droits. La libéralité en question, a-t-elle
dit, « n'est pas une dépendance, mais un accident de
« la vente. Ces deux dispositions dépendent si peu
« l'une de l'autre, que la vente n'en subsisterait pas
« moins avec tous ses effets si la donation venait soit
« à être révoquée, soit à être annulée ». Et les parties ne doivent pas pouvoir « échapper à l'un des droits
« de mutation, et même au plus onéreux, en réunis-
« sant dans un même acte des conventions qui, sépa-
« rées, seraient passibles chacune d'un droit particu-
« lier. » Nous préférons cette dernière solution ; elle
nous paraît plus conforme aux vrais principes. C'est
du reste celle qui est suivie par l'Administration de
l'enregistrement [3] : *Dura lex , sed lex.*

Il se présente souvent une hypothèse en quelques
points analogue à celle spécialement prévue par l'article 1973 : nous voulons parler d'une constitution de

1. 11 mars 1863 (D. P. 1863, 1, 64). — 2. 23 décembre 1862 (D.
P. *Id.*) — 3. *Instruction* 2244, § 4 et § 7. V. *Journal de l'Enreg.*
n° 17588. Garnier, *Rép. gén. de l'Enreg.* n° 12853.

rente viagère à titre onéreux, faite sur la tête et au profit du vendeur ou bailleur de fonds, mais avec réversibilité de la totalité de la rente, après la mort du premier crédi-rentier, sur la tête et au profit d'un tiers qui accepte. L'opération se décompose également en un contrat à titre onéreux entre le débi-rentier et celui qui fournit le capital, et une donation entre ce dernier et le tiers indiqué. Seulement cette donation est soumise à la condition de survie du donataire au donateur.

La même controverse que précédemment existe relativement à l'application de la loi fiscale; et nous pensons que la régie percevra un impôt distinct pour chacun de ces contrats[1]. Il sera dû immédiatement un droit proportionnel de vente ou de rente viagère suivant les cas, et un droit fixe de 5 fr. pour donation éventuelle. En outre, à la mort du premier crédi-rentier, si le tiers lui survit, un troisième droit sera exigible : droit de mutation par décès[2].

Que décider si deux individus acquièrent à frais communs, c'est-à-dire en fournissant chacun la moitié du capital de la constitution, une rente viagère établie sur leurs têtes et à leur profit, avec cette stipulation, qu'après le décès de l'un d'eux, cette rente continuera sans diminution sur la tête et au profit du survivant? Ne doit-on pas considérer cette clause comme

1. C. de Cass., 23 décembre 1862 (D. P. 1863, 1, 64). — 2. Instr., n° 2244, § 4. et § 7.

contenant un avantage fait par le prédécédé au survivant ? Celui-ci touchera des arrérages supérieurs à
ceux qu'il aurait obtenus avec son capital : ne reçoit-il
pas par conséquent l'excédant sans avoir rien donné en
échange, et n'est-ce pas là une libéralité soumise,
sinon quant à sa forme, du moins quant à ses effets et
à sa validité intrinsèque, aux règles des donations ? Il
n'est pas vrai de dire, dans cette espèce, que les parties
ont été mues par un esprit de libéralité. Chacune d'elles
n'a cherché que son propre intérêt Le droit d'accroissement qui est stipulé, de la part du prédécédé à la
part du survivant, est une clause aléatoire établie pour
tous les deux également, et constituant pour chacun
d'eux un acte commutatif. « Les deux acquéreurs ont
« réuni leurs capitaux dans le but de se procurer une
« rente plus forte, et chacun dans l'espérance de la
« recueillir en totalité. Ils ont fait un contrat aléatoire
« où la chance de gain est subordonnée à une éventua-
« lité dont l'un ou l'autre profitera suivant que le sort
« en décidera, mais nulle pensée de donation ne les a
« animés [1]. » Les lois sur les donations, leur nullité,
leur révocation sont donc inapplicables ici.

Cette convention est valable aussi bien que celle par
laquelle deux époux « stipulent » dans leur contrat de
mariage, « que la totalité de la communauté appar-
« tiendra au survivant [2]. »

Pour examiner la question au point de vue de l'im-

---

1. Troplong, t. xv, p. 413. — 2. Art. 1525 C. N.

pôt , le droit exigible lors du contrat sera un droit de
vente ou de constitution de rente viagère. Suivant une
opinion assez fréquemment émise , il serait dû en
outre un droit de mutation par décès au moment où
la mort de l'un des deux crédi-rentiers laisserait au
survivant la jouissance de la totalité de la rente. Nous
ne saurions admettre cette doctrine. Elle est repoussée
par la jurisprudence de la plupart des tribunaux ; et
c'est avec raison, croyons-nous. On ne perçoit de
droit de mutation par décès que s'il y a transmission
à titre gratuit; or, nous l'avons vu, les parties, dans
notre hypothèse, n'ont songé en aucune façon à se
faire mutuellement une libéralité [1].

 Quand deux époux mariés sous un régime exclusif
de communauté, le régime de séparation de biens,
par exemple, constituent, moyennant un capital mobilier ou immobilier dont ils auraient fourni chacun
la moitié, une rente viagère sur leurs têtes et à leur profit, réversible en totalité sur la tête et au profit du survivant, on applique les règles que nous venons d'établir.

1. De plus, comme on l'a très-bien jugé (Tr. d'Yvetot, 18 août 1863)
dans une espèce où la rente était constituée comme prix d'un immeuble indivis entre les deux vendeurs, « il serait impossible de séparer ou
« de retrancher la condition de réversion de la stipulation même du
« prix, et de concevoir l'une indépendante de l'autre, sans que la
« vente fût altérée dans sa source, et sans qu'elle cessât d'exister;
« c'est donc comme créancier du prix de vente que » le survivant « con-
« serve la rente, et nullement comme donataire » du prédécédé ; « et
« le droit de vente ayant été payé par l'acquéreur, la régie ne peut à
« aucun titre exiger un nouveau droit pour ce même contrat. »

Il n'y a pas non plus de difficulté particulière à pré-
voir dans l'hypothèse où, mariés sous le régime de la
communauté, ils la constituent avec des biens propres
à chacun d'eux. Au décès du prémourant la rente
appartiendra en entier au survivant, sans récompense.

Mais si elle est acquise des deniers de la communauté, qu'arrivera-t-il à la dissolution de la communauté par le décès de l'un des époux? Une distinction
est nécessaire : y a-t-il renonciation à la communauté
par la femme ou ses héritiers? La totalité de la rente
reviendra au survivant, sans qu'il soit dû de récompense. Si la femme survit, elle l'aura reçue à titre de
donation de son mari. Si c'est au contraire le mari,
il l'aura constituée de ses propres deniers. Y a-t-il
acceptation de la communauté? La rente étant créée
avec des valeurs de communauté est un bien de communauté. Le survivant ne peut donc la recueillir en
entier qu'à charge de récompense [1]. Mais quelle sera
cette récompense? Les uns disent que le survivant
devra donner aux héritiers du prédécédé la moitié de
la valeur vénale de la rente à l'époque du décès. Les
autres, suivant en cela les décisions de l'ancienne
jurisprudence, veulent qu'il « rende aux héritiers du
« prédécédé, la moitié des revenus de chaque année
« à compter depuis le décès du prédécédé [2]. »

1. Art. 1437. — C. de Paris, 19 fév. 1864 (Journal le Droit, 24 sept.
1864). — 2. Lebrun, Comm. L. 1, ch. 5, Dis. 2, n° 17.

Nous avons parlé jusqu'ici d'une rente viagère réversible en totalité sur la tête et au profit du survivant. La rente peut n'être réversible qu'en partie. En ce cas il ne serait dû aucune récompense à la communauté, si la rente était réduite de moitié; et si elle était réduite de moins de moitié, la récompense serait proportionnée à la diminution subie. Mais sauf cette question spéciale, on appliquerait les autres décisions que nous avons données.

De même, nous avons raisonné en principe, et nous avons réservé les circonstances particulières dans lesquelles les chances seraient tellement inégales qu'elles enlèveraient au contrat la réciprocité d'*alea*.

Lorsque l'acheteur à charge de rente viagère est un parent en ligne directe du vendeur, et en même temps son héritier présomptif à l'époque du contrat, et son héritier réel à l'époque de son décès [1], la loi ne voit dans cette vente qu'une donation déguisée au profit de ce successible; et l'obligation apparente de servir la rente est réputée n'avoir jamais été dans l'intention des parties. Prouverait-on que cette obligation est réelle et sérieuse : cette preuve ne saurait détruire la présomption de gratuité établie par l'art. 918. Le débirentier ne pourrait même pas répéter les arrérages par lui payés. Il y a une présomption *juris et de jure*. Une

___

1. Il en serait de même si les héritiers de l'acheteur venaient à la succession du vendeur par représentation et non de leur propre chef. (Demol., *Don. et Test.*, t. II, n° 510.)

seule exception est admise. Elle est relative au cas où
tous ceux qui se trouvent héritiers en ligne directe du
vendeur ont donné leur consentement à l'acte. Alors
l'aliénation conserve son caractère de contrat à titre
onéreux. Si une partie seulement de ces héritiers a con-
senti, l'aliénation n'est censée renfermer une donation que vis-à-vis des autres.

Mais une semblable donation est considérée comme
faite par préciput, et avec dispense de rapport. La
valeur qu'ont au moment du décès du prétendu
vendeur les biens ainsi donnés, eu égard à leur
état au moment de la vente, doit être imputée sur la
quotité disponible[1]. Ce qui excède cette quotité sera
rapporté à la masse des biens à partager; et le rapport aura lieu, non pas en nature, mais en moins prenant[2].

Il est évident que si la quotité disponible est déjà
épuisée par des donations antérieures et irrévocables,
le rapport de l'objet aliéné se fera pour le tout.

La vente à charge de rente viagère n'est réputée
donation que vis-à-vis des héritiers en ligne directe
du vendeur. Les autres parents, pas plus que les étrangers, ne peuvent se prévaloir de la disposition de
l'art. 918.

Cet article a eu pour but d'empêcher qu'un enfant
privilégié ne reçût plus que sa part dans la succession
paternelle, et au détriment de ses frères et sœurs.

1. Art. 844, 922 C. N.—2. Demol. *loc. cit.*, n° 523.

Ordinairement, il est invoqué par les enfants du vendeur. Les aliénations qu'il prévoit sont le plus souvent
« des moyens de simulation au service de ceux qui
« veulent déguiser des libéralités sous l'apparence de
« contrats onéreux [1] » ; et la preuve de la simulation
serait extrêmement difficile à fournir. Le vendeur
pourrait en effet donner de fausses quittances; et comment les contrôler? Telles sont les raisons pour lesquelles le législateur a établi cette présomption. Mais
comme il s'est servi de termes généraux, elle s'applique également aux ventes consenties par un fils, sans
enfants, à son père ou à son ascendant, qui serait en
même temps son successible.

On ne se trouve plus dans l'hypothèse de notre
article lorsque l'aliénation est faite à charge de rente
viagère au profit d'un tiers qui accepte [2]. Car, dans ce
cas, il y a vraiment, pour l'acheteur, obligation de
servir la rente. De plus, il faut se renfermer dans
les termes stricts de notre article. Il porte simplement :
« aliénation à charge de rente viagère » ; or, nous
l'avons vu, la rente viagère est constituée sur la tête et
au profit du vendeur, à défaut d'indication contraire.
On pourra bien, assurément, prouver que l'acte renferme une donation au profit de l'acheteur, soit parce
que la rente n'est pas en proportion avec la valeur de
l'immeuble, soit parce qu'elle est créée sur la tête d'un
centenaire, par exemple; mais alors on rentre dans

1. Demol., *Loc. cit.*, n° 493. — 2. Marcadé, art. 918, § 4.

la règle générale ; ce n'est plus la présomption légale de libéralité.

Quand il s'agit d'un prix de vente consistant pour partie en un capital en argent, et pour partie en une rente viagère , l'art. 918 n'est applicable que pour la portion de biens aliénés dont le prix est représenté par la rente viagère [1].

L'origine de cet article 918 est dans la loi du 17 nivôse an II , art. 26. Mais il est loin d'avoir des conséquences aussi étendues que celle-ci. Il ne comprend pas , comme elle, les aliénations faites à un successible en ligne collatérale. Il n'exige que le consentement des successibles en ligne directe , et non celui des collatéraux. De plus, au lieu d'ordonner le rapport de la totalité de la donation déguisée, il oblige simplement à rapporter la portion qui entame la réserve.

V.

DIVERSES CLAUSES QUE PEUT CONTENIR LE CONTRAT DE RENTE VIAGÈRE.

On peut apposer dans le contrat de rente viagère « tel pacte qu'on veut, pourvu que le pacte ne blesse « point les règles auxquelles le contrat est assujetti [2]. »

Ces pactes concernent ou la sûreté du fond de la rente ou la prestation des arrérages.

1. C. de Cass., 13 fév. 1861 (D. P. 1861, 1, 369). — 2. Poth., *Tr. du contr. de const. de rente*, ch. 4.

La sûreté le plus habituellement promise par le contrat est l'hypothèque. Elle s'établissait autrefois sous
la forme d'une *clause d'assignat*. « Cette clause, dit
Pothier [1], « n'a d'autre effet que de donner au créan-
« cier une hypothèque sur l'héritage. Elle ne change
« pas la nature de la rente, laquelle, nonobstant cette
« clause, est une dette de la personne qui l'a consti-
« tuée, et non une charge foncière de l'héritage sur
« lequel elle est assignée. » D'après certains jurisconsultes [2], un semblable pacte serait encore aujour-
d'hui une véritable constitution d'hypothèque. Il est
néanmoins très-prudent de se servir d'expressions plus
positives [3].

Souvent le crédi-rentier exige qu'il lui soit fourni
une caution ou bien un gage. Souvent aussi il stipule
l'emploi du capital de la constitution à l'acquisition
d'un immeuble ou à l'extinction d'une dette hypothécaire du débi-rentier, et il se fait subroger aux droits
du vendeur ou de l'ancien créancier.

On rencontre encore quelquefois, dans les constitutions de rente viagère par acte sous signature privée,
la clause de passer acte devant notaire. Le crédi-
rentier choisira le notaire; le débi-rentier supportera
les frais de l'acte et procurera une grosse.

Relativement aux arrérages, une clause assez ordinaire est qu'ils seront acquittés sur les fermages d'un

1. *Loc. cit.*, n° 64. — 2. Rolland de Villargues, n° 110. — 3. Dall.,
v° *Rente const.*, n° 49.

immeuble. Cette clause, par suite de la signification qui en est faite au fermier, vaut saisie-arrêt entre les mains de celui-ci. Mais le constituant n'en est pas moins obligé personnellement au service de la rente.

En principe, les arrérages sont payables à la fin de chaque année, et quand celui sur la tête duquel la rente viagère est constituée, est mort avant la fin de l'année, ils sont dus proportionnellement au nombre de jours qu'il a vécu [1]. Le jour commencé ne compte pas, car les fruits civils s'acquièrent jour par jour. La loi ne calcule pas par heures. Cependant il est permis aux parties de stipuler que ces arrérages seront payés d'avance pour l'année entière, ou bien qu'ils seront payés en plusieurs termes et d'avance, soit par semestre, soit par trimestre, soit par mois; et « le terme qui « a dû être payé » d'avance, « est acquis du jour où « le payement a dû en être fait ». C'est la décision formelle de l'art. 1980. Elle a éteint la controverse qui existait autrefois sur ce point entre les jurisconsultes. La rente dure en quelque sorte plus que la vie sur laquelle elle repose. Et même, pour que le rentier ait droit au terme, il n'est pas nécessaire que cette vie se soit prolongée jusqu'à la dernière heure du jour de l'échéance, car de ce que le débiteur a la journée entière pour se libérer et ne peut être poursuivi que le lendemain, on ne doit pas conclure que le droit du créancier ne soit fixé qu'à cet instant [2].

1. Art. 1980 C. N. — 2. P. Pont, p. 393. *Trib. civ. de Marmande*, 2 déc. 1857 (D. P. 1857, 5, 281).

« Quelquefois [1], il est stipulé par le contrat de rente
« viagère qu'après la mort de celui à qui la rente est
« constituée, le constituant rendra aux héritiers une
« certaine partie de la somme qu'il a reçue lors de la
« constitution, par exemple : le tiers, le quart, la moi-
« tié. Le contrat fait avec cette clause n'a rien d'illi-
« cite ; il renferme deux contrats : un contrat de vente
« de la rente viagère pour le prix de la somme qui doit
« rester au constituant, et un prêt gratuit qui lui est
« fait de celle qu'il doit rendre. » Mais si la somme
destinée à rester au constituant n'est pas assez importante pour être considérée comme l'équivalent de la
rente, alors il y a constitution de rente viagère et prêt
à intérêt. Les tribunaux distingueront deux parts dans
les arrérages payés : le produit du capital de la rente ,
et le produit du capital prêté. Après avoir déterminé
la quotité de cette rente, ils ajouteront à la somme des
arrérages la somme des intérêts à 5 p. 100 du capital
prêté, et ce qui excédera ces deux sommes sera imputé
sur le capital à restituer.

Le contrat peut contenir un mélange de constitution de rente perpétuelle et de rente viagère. Ainsi
l'on conviendra qu'après la mort du crédi-rentier ac-
tuel on servira à ses héritiers une rente de tant, rachetable de tant. Il y a rente viagère jusqu'à la mort d'une
personne, et rente perpétuelle après cette époque. Rien
en cela n'est illicite. Les deux rentes ne courent pas

1. Pothier, *Tr. du contr. de const. de rente*, ch. 8, art. 4.

en même temps. Rien ne s'oppose non plus à ce que la rente perpétuelle excède l'intérêt légitime de la somme indiquée pour le rachat, car ce n'est pas cette somme qui est le capital de la constitution. Les deux rentes ont été établies pour un seul et même capital.

Lorsqu'une rente viagère est constituée à titre onéreux, est-il permis de la stipuler incessible et insaisissable? Incessible? cette clause n'aurait aucune force obligatoire. Dans le cas en effet où l'on viendrait à l'enfreindre, personne ne serait intéressé à demander la révocation de la cession; ce ne serait pas le débiteur, puisque peu lui importe de servir la rente à tel ou tel individu; quant au créancier, il n'a évidemment pas pu enchaîner ainsi à l'avance sa liberté [1]. Insaisissable? non; l'art. 1981 ne le veut pas; et c'est avec raison, car sans cette défense on se jouerait impunément de ses créanciers en plaçant tout son bien en rente viagère.

Mais est valable la stipulation par laquelle le crédirentier, renonçant à la faveur qu'il tient de l'art. 1978, déclare que le non payement des arrérages entraînera la résolution du contrat. L'ancienne jurisprudence nous offre plusieurs exemples de pareilles stipulations, et la preuve que le législateur nouveau a bien eu l'intention d'en autoriser l'usage, se trouve dans ces paroles de Cambacérès sur le projet de l'article que nous venons de citer: « Il conviendrait de faire ressortir

1. Tropl., p. 486. — C. d'Orléans, 6 août 1841.

« dans la rédaction que la règle générale que l'ar-
« ticle établit n'est pas absolue, qu'il est permis aux
« parties d'y déroger, et de stipuler que faute de paye-
« ment de la rente , le créancier pourra rentrer dans
« son capital ou dans l'immeuble dont elle est le prix.
« *La rédaction proposée n'exclut pas cette clause*
« *dérogatoire ;* mais il serait plus utile de l'autoriser
« formellement. » Cette proposition admise fut ren-
voyée à la section de législation, et bien qu'elle n'ait pas
amené de changement dans le texte de notre article,
elle n'en doit pas moins être acceptée comme l'expression de la pensée des auteurs de la loi. Les parties ont
encore le pouvoir d'aller plus loin dans cette voie, et
de convenir que la résolution aura lieu de plein droit,
sans qu'il soit besoin d'une demande en justice, par le
seul effet de la mise en demeure, ou même simplement
du non payement d'un terme d'arrérages.

Généralement aussi on admet que la rente viagère
peut être constituée sous faculté expresse de rachat [1].

VI.

OBLIGATIONS DU DÉBITEUR DE LA RENTE , ET DROITS DU CRÉDI-
RENTIER.

La première obligation qui incombe au débi-rentier
est de fournir au créancier les sûretés promises pour
l'exécution du contrat. Elle doit être remplie exacte-

1. P. Pont , p. 391 , art. 1979 C. N.

7

ment comme une condition essentielle à la validité
même de ce contrat. Car le créancier qui a exigé des
sûretés particulières ne livre son capital que sous la
condition de les obtenir. Il « peut demander la ré-
» siliation du contrat [1] » et reprendre sa chose lorsque
le constituant n'exécute pas son engagement. C'est là
du reste une application du principe général posé dans
l'art. 1184 du C. N. Cependant, pour qu'il y ait matière à résolution, il faut que les sûretés stipulées man-
quent au créancier par suite du refus absolu ou du
fait personnel du débiteur. Si, par exemple, l'objet
qui doit être donné en gage périt par une circonstance
fortuite, le débiteur sera admis à lui substituer un
autre objet offrant les mêmes garanties. Mais quand
y a-t-il refus de la part du débi-rentier? Les tribunaux
apprécieront.

L'art. 1977 prévoit simplement l'hypothèse où le
débiteur ne fournit pas les sûretés promises. Que
dirons-nous de celle où ce débiteur les diminue après
les avoir procurées? Nous appliquerons les décisions
précédentes, sauf toutefois quelques restrictions. La
jurisprudence et la doctrine sont d'accord sur ce point.
Ainsi la diminution des sûretés, comme l'omission de
les réaliser, si elle provient d'un fait personnel du
constituant, suffira pour motiver la demande en
résolution. Mais le constituant pourra toujours arrêter
l'action intentée, en fournissant de nouvelles garanties

1. Art. 1977 C. N.

ou en rétablissant les anciennes. De plus, quand cette diminution est un pur effet du hasard, elle n'altère en rien la stabilité du contrat, et le débiteur n'est obligé à aucune réparation.

La résolution n'a pas lieu de plein droit. Il est nécessaire qu'elle soit prononcée par le juge. Lors donc que la personne sur la tête de laquelle la rente est constituée, vient à mourir pendant l'instance, le créancier ou ses héritiers sont désormais sans prétexte et sans intérêt pour poursuivre leur demande. Car l'extinction de la rente a supprimé la cause même de la résolution, et les garanties ont perdu toute leur utilité.

Une fois la résolution admise, le créancier a le droit de réclamer son capital en entier, et les intérêts à 5 p. 100 lui en seront dus à dater du jugement jusqu'au jour de la restitution.

Mais le contrat n'est-il pas annulé *ex causa antiqua*? Les choses ne sont-elles pas « remises au même état que « si l'obligation n'avait jamais existé [1] »? Et par conséquent le crédi-rentier ne doit-il pas tenir compte au débiteur de ce qui, dans les arrérages payés, excède l'intérêt légal du capital de la constitution? Non, l'art. 1183 du C N. est inapplicable ici. Cette révocation ne replace pas les choses dans leur état primitif. « Rien, en effet, ne peut faire que le débiteur, tant « que le contrat a duré, n'ait pas eu en sa faveur les « chances favorables d'extinction de la rente, dont il

1. Art. 1183.

« eût profité si elles eussent tourné pour lui. Or, les
« arrérages qu'il a dû payer sont justement le prix de
« ces chances, le prix du risque qu'elles ont fait courir
« au créancier. Il faut donc, quand le fait est accom-
« pli sous ce rapport, qu'ils restent à ce dernier, et on
« ne peut rien en distraire, sans quoi tous les incon-
« vénients de la situation seraient à la charge du créan-
« cier [1]. »

La seconde obligation du débi-rentier consiste à
servir régulièrement les arrérages tant que subsiste la
rente. Les arrérages, nous l'avons déjà dit, sont acquis au créancier jour par jour, et l'annuité entière est
payable à la fin de l'année. Si la vie qui règle la durée
de la rente s'est éteinte après 10, 20, 100 jours, le
crédi-rentier ou son héritier a droit à 10, 20 ou
100|365⁰ de l'annuité.

Il n'est pas possible au débiteur de se soustraire à
cette obligation, même en offrant de rembourser la
totalité du capital versé. Le créancier non plus ne
peut pas le contraindre à effectuer ce remboursement,
et demander autre chose que les arrérages à chaque
échéance[2]. La rente viagère n'est pas rachetable de sa
nature, si les parties n'ont pas modifié le caractère aléatoire du contrat. A l'origine, les chances étaient égales
de part et d'autre; et le débi-rentier doit subir la perte
que lui fait éprouver l'étendue donnée à son engagement par les circonstances, par cela même qu'il aurait

1. P. Pont, p. 379. — 2. Art. 1979 C. N.

en un droit incontestable aux bénéfices, si la fortune lui avait été favorable.

Pour assurer l'entière exécution de la convention, le crédi-rentier « a le droit de saisir et faire vendre les « biens de son débiteur, et de faire ordonner ou con- « sentir, sur le produit de la vente, l'emploi d'une « somme suffisante pour le service des arrérages[1]. »

Sous l'empire de la législation antérieure au Code Civil, le crédi-rentier avait simplement la faculté d'exiger une somme nécessaire pour acquérir une rente viagère semblable à l'ancienne. Aujourd'hui il prend sur l'actif du débiteur un capital capable de produire chaque année une somme d'intérêts égale aux arré- rages de la rente. Ce capital est placé à intérêts, ou bien reste entre les mains de l'adjudicataire des biens du débiteur, moyennant certaines garanties. Les inté- rêts serviront à l'acquittement de la rente; et après l'extinction de cette rente, le capital retournera libre dans le patrimoine du débiteur, ou sera distribué entre les autres créanciers.

Mais le crédi-rentier peut se trouver immédiatement en présence de co-créanciers. Que faire? Deux hypo- thèses se présentent. Un immeuble du débiteur est-il affecté à la sûreté de la rente? Le crédi-rentier est colloqué à son rang d'hypothèque, pour le capital jugé nécessaire au service des arrérages. Il est fait emploi de ce capital suivant les règles ci-dessus; et même on

1. Art. 1978.

l'attribue quelquefois de suite aux co créanciers sous
la charge de payer la rente. Si la vente de l'immeuble
n'a pas produit une somme suffisante, la jurisprudence
donne au crédi-rentier le droit de prélever annuellement et jusqu'à épuisement de cette somme la différence existant entre les intérêts obtenus et les arrérages[1]. La rente n'est-elle au contraire qu'une créance
chirographaire? Le crédi rentier supporte le sort commun. Il concourt avec les autres créanciers au marc le
franc sur les biens du débiteur. En cas d'insuffisance
de ces biens, le capital destiné à être placé à intérêts
sera réduit proportionnellement à la perte que chacun
doit subir. Mais, pour effectuer la réduction, on tiendra compte de cette circonstance que les autres créanciers se partageront entre eux ledit capital, quand la
rente aura cessé d'exister.

VII.

OBLIGATION DU CRÉDI-RENTIER.

Nous avons dit que le contrat de rente viagère est un
contrat unilatéral, et qu'il n'en dérive d'obligation que
pour le constituant. Mais le payement des arrérages
n'est exigible qu'autant que la personne sur la tête de
laquelle la rente est établie, a vécu jusqu'au jour de
l'échéance du terme demandé. L'existence de cette
personne est la condition même du droit Il faut donc

1. C. de Riom, 24 août 1863 (D. P. 1863, 2, 161).

qu'elle soit constatée; et naturellement c'est au crédi-
rentier qu'incombe la charge de cette preuve. Pour
faire cette justification, l'on emploie habituellement le
mode du *certificat de vie* délivré par les présidents
des tribunaux de première instance ou par les maires [1].
Il suffirait même, d'après quelques auteurs, que ce
certificat fût rédigé dans la forme ordinaire des actes
notariés, bien que la loi n'autorise expressément ce
dernier mode de constatation que relativement aux
rentes viagères sur l'État. D'autres preuves peuvent
encore être admises. Les juges ont en cette matière
un pouvoir discrétionnaire d'appréciation.

Quant au vendeur à charge de rente viagère, il est
évident qu'il est soumis aux différentes obligations
de tout vendeur en général

VIII.

CESSION, — DÉLÉGATION, — USUFRUIT D'UNE RENTE VIAGÈRE.

Le créancier d'une rente viagère peut céder à un
tiers son droit à la rente, moyennant un prix convenu,
ou bien gratuitement. On suit en cette matière les principes de la cession de créances à titre onéreux [2], et de
leur transmission à titre gratuit. Il n'y a de règles spéciales que pour l'application de la loi fiscale.

En vertu de l'art. 65, § 5, n° 2 de la loi du 22 frimaire

---

1. L. 6-27 mars 1791. — 2. Art 1689 C. N.

an VII, les cessions de rentes viagères à titre onéreux sont passibles d'un droit proportionnel de mutation de 2 p. 100; et l'on prend pour base de ce droit le capital de la constitution, s'il s'agit d'une rente créée moyennant une somme d'argent, et la rente capitalisée au denier dix, si elle a été créée dans le principe en échange d'un immeuble ou d'un effet mobilier autre qu'un capital en argent[1]. On ne s'attache jamais au prix de la cession, excepté toutefois le cas de vente judiciaire, car alors on calcule la liquidation du droit sur le prix exprimé au procès-verbal d'adjudication.

S'il y a seulement cession partielle d'une rente viagère, le droit est perçu sur la portion de capital afférente à la rente cédée[2].

L'acceptation de la cession par le débi-rentier, dans l'acte même de cession, ne donne ouverture à aucun droit particulier[3]; mais un droit fixe de 2 fr. est exigible lorsqu'elle est faite par acte séparé[4].

Quant à la signification de la cession, elle encourt le droit fixe de 2 fr. édicté par l'art 43 n° 13 de la loi du 28 avril 1816.

D'après les décisions de la régie, la cession à titre gratuit d'une rente viagère serait passible d'un droit

1. Art. 14., § 9. L. 22 frim. an VII. Garnier, *Rép. gén.* n° 10796. — 2. Garnier, n° 10795.—3. *Instr. gén. de l'adm. de l'Enreg.* n° 2187, § 6. — Arg. *a contrario* tiré de l'art. 68. § 1, n° 3. L. 22 frim. an VII. G. Demante, *Enreg.*, p. 291.—4. Art. 68. § 1, n° 3. L. 22 frim. an VII. — L. 22 mai 1850, art. 8.

proportionnel de donation basé sur le capital de la constitution de la rente [1]. Quelques auteurs combattent cette doctrine, et soutiennent que le droit à percevoir doit reposer sur la valeur estimative que les parties attribuent à la rente dans leur déclaration [2].

Une rente viagère constituée sur la tête d'un tiers peut passer aux héritiers du crédi-rentier originaire. Dans cette hypothèse il est dû un droit de mutation par décès sur le capital de la constitution, disent les uns, sur la valeur déclarée de la rente, disent les autres. C'est la même controverse qui se renouvelle.

Lorsqu'il y a délégation d'une rente pour payer une autre rente, et que cette délégation n'opère pas novation [3], elle donne lieu à un droit proportionnel de 2 p 100 sur le capital de la constitution [4]; et l'acceptation qui en est faite, à un droit fixe de 2 fr. [5]. Les mêmes règles seraient applicables si une créance était déléguée pour payer une rente, ou à l'inverse, une rente, pour payer une créance [6]. Le droit proportionnel est exigible sur la délégation, indépendamment du droit perçu sur le titre même de l'obligation, à moins qu'il ne s'agisse d'une *délégation de prix*

---

1. Garnier, n° 10800. — 2. Championnière et Rigaud, *Dict. des dr. d'Enreg.*, n° 3607.—3. Art. 1275, C. N.—4. V. Dall., v° *Enreg.*, n°s 1831, 1853, 1699. — Garnier, n° 10784. — 5. Art. 68, § 1, n° 2. L. 22 frim. an VII. — L. 15-22 mai 1850, art. 8. — 6. Garnier, n°s 10785, 10786. V. Dall., v° *Enreg.*, n° 1840.

stipulée dans un contrat [1], c'est-à-dire contenue dans le contrat même qui engendre ce prix [2].

Au lieu de déléguer une rente pour éteindre une créance, on peut ne déléguer que des arrérages. Ce serait simplement dans ce cas une délégation de créance, sujette à un droit proportionnel de 1 p. 100.

« Les délégations avec novation sont tout à fait « insolites, car le créancier dicte la loi du contrat et « n'abdique généralement aucune de ses garanties [3]. » Mais si cette hypothèse se présentait, il n'y aurait jamais deux droits proportionnels à percevoir.

La question des délégations de rentes n'offre pas de difficulté particulière à examiner au point de vue de la loi civile.

Aux termes de l'art. 588 du C. N., « l'usufruit d'une « rente viagère donne à l'usufruit le droit d'en « percevoir les arrérages, sans être tenu à aucune « restitution. » Ces arrérages, étant des fruits civils, lui sont acquis jour par jour.

En écrivant cet article, comme aussi l'art. 917, le législateur a eu pour but d'éviter autant que possible toute estimation des rentes viagères, et de mettre un terme aux controverses qui existaient autrefois sur ce point entre les jurisconsultes. Lorsque la rente est

---

1. Art. 69, § 3, n° 3. L. 22 frim. an VII. — *Instr. gén. de l'Adm. de l'Enreg.* n°s 1270 et 1577, § 7. — 2. M. Demante (p. 301) soutient même qu' « une délégation de prix, faite hors du contrat, n'encourrait qu'un « droit fixe, toutes les fois qu'il serait justifié de l'enregistrement du « titre du créancier délégataire. » — 3. G. Demante, p. 305.

constituée sur la tête de l'usufruitier lui-même, cet
usufruit équivaut à la pleine propriété, du moins depuis la loi du 31 mai 1854, abolitive de la mort civile;
car avant cette époque la mort civile éteignait l'usufruit et non pas la rente. Mais la rente établie sur la
tête d'un tiers peut durer plus ou moins longtemps
que l'usufruit, suivant que ce tiers décède après ou
avant l'usufruitier.

IX.

EXTINCTION DES RENTES VIAGÈRES.

« La principale manière dont s'éteignent les rentes
« viagères est la mort de la personne sur la tête de
« laquelle la rente était constituée. » Ainsi s'exprimait
Pothier [1]. C'est également ce que portent implicitement
les art. 1979 et 1982 du C. N., et ce qui ressort de la
nature même du contrat. Quand la rente est créée sur
la tête de plusieurs personnes, elle ne finit que par la
mort de la dernière survivante de ces personnes.

Les arrérages cessent de courir depuis le jour de la
mort, et tous ceux qui sont échus à cette époque sont
dus proportionnellement au nombre de jours qu'a
duré la vie sur laquelle la rente est établie. Il s'agit
ici de la mort naturelle. La mort civile n'avait pas le
même effet.

1. *Tr. du contr. de rente*, ch. 8, art. 7.

Soit que la personne indiquée meure de maladie ou
de vieillesse , soit qu'elle meure de mort violente, par
un suicide [1], un assassinat, l'extinction de la rente se
produit , sauf l'action en responsabilité contre l'auteur
du crime qui aurait été commis. Si le débi-rentier est
le coupable, les arrérages sont payables jusqu'au jour
de la mort, et le capital de la constitution doit être
restitué [2]. Cependant les aliénations ou hypothèques
consenties à des tiers par le débi-rentier sur un immeuble acquis par lui à charge de rente viagère, ne seraient pas pour cela annulées. Le débi-rentier seulement
rendrait la valeur des aliénations qu'il aurait faites [3].

Le droit à une rente viagère s'éteint aussi par la
prescription de trente ans [4]. Cette prescription commence à courir du jour même du contrat, s'il n'a jamais été payé d'arrérages, et au cas contraire , à dater
du dernier payement. C'est pour éviter toutes les dif-
ficultés auxquelles cette question peut donner lieu que
l'art. 2263 permet au crédi-rentier d'exiger de son
débiteur un titre nouvel « après 28 ans de la date »
du précédent. Quant aux arrérages échus, ils se pres-
crivent par cinq ans [5].

Enfin la rente viagère prend fin par la novation, le
rachat volontaire que le crédi-rentier veut permettre ,
par la remise qu'il accorde au débiteur , et par la con-
fusion

1. C. d'Orléans, 8 avril 1860 (D. P. 1860, 2, 98). — 2. Art. 1184.
— 3. Art. 958 C. N. — 4. Art. 2262. — 5. Art. 2277.

CHAPITRE II.

CONSTITUTION DE RENTE VIAGÈRE A TITRE GRATUIT.

Une rente viagère est souvent l'objet d'une libéralité. « Elle peut être constituée à titre purement gra-
« tuit », dit l'art. 1969 du C. N., « par donation entre-
« vifs ou par testament. »

Établie par donation, elle procède d'un *contrat de
bienfaisance* qui exige le concours de deux volontés :
du donateur qui s'oblige, et du donataire qui accepte.
Établie par testament, elle n'implique pas l'idée de
contrat, car, à la différence de la donation, le testament se fait par la seule volonté du disposant.

Dans l'un comme dans l'autre cas, le constituant ne
reçoit rien en échange de l'obligation qu'il s'impose
à lui même, ou qu'il impose à ses héritiers, de servir
la rente. Il n'y a plus cette *commutatio periculi* que
nous avons trouvée dans le contrat de rente viagère et
dans la vente à charge de rente viagère. Nour ne verrons donc plus apparaître ces règles spéciales créées
pour les rentes viagères constituées à titre onéreux,
en considération du caractère aléatoire du contrat et
de l'égalité de risques et périls qui doit exister entre
les parties

On applique en cette matière de dons et legs de
rentes viagères, les principes généraux des donations
et testaments ; c'est ainsi que la validité de ces constitu-

tions de rentes est subordonnée, quant à la forme de
l'acte et à la capacité des parties, aux mêmes conditions que les autres libéralités entre-vifs ou testamen-
taires[1]. Lorsque la constitution est faite par acte entre-
vifs, elle est sujette aux causes de révocation des donations : survenance d'enfants au donateur, inexécution des conditions, ingratitude[2]; et lorsqu'elle est
faite par testament, les art. 1035, 1043 et 1045 du
C. N., relatifs à la révocation et à la caducité des legs,
conservent tout leur empire.

Mais le *quantum* de ces libéralités est incertain. Il
dépend de la durée plus ou moins longue de la vie
humaine. Cette circonstance a inspiré au législateur la
disposition de l'art. 917 du C. N., dont nous allons
nous occuper; elle a également motivé une règle particulière d'évaluation pour la perception de l'impôt.
Le droit proportionnel de donation ou de mutation
par décès est assis sur « un capital formé de dix fois
« la rente[3] ».

I.

QUOTITÉ DISPONIBLE.

Les dons et legs de rentes viagères sont soumis au
principe du respect dû à la réserve[4]. Mais comment
saura-t-on s'ils entament ou non cette réserve? Faudra-

---

1 Art. 901 à 913. — Art. 931 et suiv., 967 et suiv. C. N — 2. Art.
953 et suiv. C. N.—3. Art. 14, § 9. L 22 frim. an VII. — 4. Art. 1970.

t-il estimer leur valeur vénale à l'époque de la mort du donateur ou testateur, et les réduire si cette valeur excède la quotité disponible? Une semblable estimation ne pourrait être basée que sur des probabilités. Le législateur a voulu l'éviter, et cependant accorder à l'héritier réservataire le droit d'obtenir toujours la jouissance immédiate de sa réserve. C'est dans ce but qu'il a édicté l'art. 917, qui ménage également la liberté du disposant et les droits du réservataire. L'héritier a le choix, ou d'exécuter le legs de rente viagère tel qu'il est, ou d'abandonner la propriété de la quotité disponible, toutes les fois que les arrérages de la rente dépassent le revenu de cette quotité. De cette façon « ni l'héritier ni le légataire ne peuvent se
« plaindre : le premier a un moyen de s'affranchir de
« la rente, le second acquiert une propriété en rem-
« placement d'un simple usufruit [1]. »

L'art. 917, il faut bien le remarquer, n'autorise l'abandon de la quotité disponible que si les « les reve-
« nus libres et actuels de cette quotité ne suffisent
« pas au service de la rente; et cet abandon n'est pas
« permis lorsque les revenus libres et actuels de la
« quotité disponible y suffisant, la disposition laisse
« à l'héritier la jouissance immédiate de toute la
« réserve [2]. » En effet, sous l'ancienne jurisprudence on calculait séparément la quotité disponible sur le

1. M. Treilhard, Fenet, t. XII, p. 328. — 2. Demolombe, Tr. des donations, t. II, p. 456.

fonds et sur la jouissance. Il y avait deux quotités disponibles et deux réserves distinctes : celles de la propriété et celles de l'usufruit. Lors de la rédaction du Code Civil, le projet du gouvernement reproduisait le même système. « La donation en usufruit, portait l'art. 14[1], « ne peut excéder la quotité dont on peut « disposer en propriété, en telle sorte que le don d'un « usufruit ou d'une pension est réductible au quart, « à la moitié ou aux trois quarts du revenu total. » En créant ainsi pour l'usufruit une quotité disponible et une quotité réservée semblables à celles déjà établies pour la propriété, on permettait la réduction des dispositions en usufruit dépassant la quotité disponible d'usufruit Cette doctrine a encore laissé des traces dans les art. 1097 et 1970 du C. N. La section de législation modifia la rédaction primitive du projet. Elle ne crut pas devoir autoriser un enfant, par exemple, qui recueillerait dans la succession paternelle presque la moitié du revenu avec la totalité de la nue-propriété, à faire réduire une disposition en faveur d'un tiers, par cela seul que cette disposition comprendrait un peu plus de la moitié du revenu. Elle déclara donc que l'héritier, dans ce cas, au lieu de faire réduire, devrait révoquer la libéralité pour le tout, mais en abandonnant la quotité disponible pour le tout. Telle est l'origine de l'art. 917 ; et par conséquent il n'est question, dans cet article, que des libéralités d'usu-

1. Fenet, t. xii, p. 276.

fruit ou de rente viagère excédant la quotité disponible en usufruit ou en revenu [1].

Appliquons maintenant la règle de l'art. 917 à
diverses hypothèses autres que l'hypothèse simple d'un
seul legs de rente viagère. Supposons d'abord qu'une
donation entre-vifs de pleine propriété, n'absorbant
pas la totalité de la quotité disponible, soit suivie d'une
donation ou d'un legs de rente viagère; la première
donation en pleine propriété demeure intacte, et si
la rente excède le revenu de ce qui reste de la quotité
disponible, l'héritier pourra abandonner au débi-
rentier la propriété du surplus de cette quotité.

Dans le cas, au contraire, où une donation de
rente viagère dépassant le revenu de la quotité disponible, précéderait d'autres libéralités en toute propriété,
si l'héritier abandonnait la quotité disponible à tous
les donataires ou légataires, le premier d'entre eux
recevrait les arrérages de la rente, les autres auraient
la nue-propriété des biens affectés au service desdits
arrérages.

De même s'il y a deux donations successives de
rente viagère, dont la seconde seulement entame le
revenu de la réserve, l'héritier se libérera toujours par
l'abandon de la portion disponible. Le second donataire aura la propriété de cette portion, mais devra
servir la rente créée au profit du premier.

1. V. Disc. de M. Tronchet, au Cons. d'Etat. (Fenet, t. XII, p. 327-
328). — Demol., *Loc. cit*, p. 456.—Marcadé, art. 917.

Quelque compliquées que soient les hypothèses, la réduction et l'estimation des legs et donations de rentes viagères ne sont jamais nécessaires pour l'héritier. Celui-ci a toujours la faculté d'abandonner la quotité disponible aux divers intéressés, « sauf à eux « à s'entendre pour se la partager entre eux [1] ». Mais pour opérer la réduction proportionnelle entre tous les donataires ou légataires du *de cujus*, gratifiés au delà de la quotité disponible, il faudra bien aussi réduire, et par suite estimer les dons et legs de rente viagère. Il est impossible d'éviter cette conséquence naturelle de l'art. 926 du C. N.

« Lorsque le défunt laisse plusieurs héritiers à « réserve, chacun d'eux a séparément et pour sa part « l'option accordée par l'art. 917 ; en sorte que l'un « pourra exécuter la disposition en ce qui le concerne, « tandis que l'autre s'en débarrassera en abandonnant « sa fraction de la quotité disponible [2]. »

Quant aux formalités à suivre pour l'exercice de ce droit d'option, la loi n'indique aucune règle particulière. L'acte extrajudiciaire suffira donc, en thèse ordinaire ; et les contestations s'il s'en élève, seront vidées par les tribunaux.

On peut se demander en quelle nature de biens doit se faire l'abandon de la quotité disponible. Il porte sur une quote-part de l'universalité héréditaire, déterminée par le partage. Mais quels sont les caractères et

1. Marcadé, art. 917, p. 3 — 2. *Id.*

les effets de cet abandon? La réponse se trouve dans les termes mêmes de l'art. 917. L'héritier réservataire « *aura l'option ou d'exécuter la disposition, ou de* « *faire l'abandon de la propriété de la quotité dispo-* « *nible.* » Donc, évidemment, en prenant ce dernier parti, l'héritier n'exécute pas la disposition « C'est, dit M. Demolombe [1], « une disposition nouvelle qui « remplace, à sa charge, la disposition première dont « il était d'abord tenu ». Le défunt a laissé la quotité disponible au réservataire sous une condition qui grève la réserve; et il a ainsi rendu cet héritier juge de son propre intérêt, et libre de réclamer à son choix la réserve obérée, avec la quotité disponible, ou bien la réserve intacte, mais alors sans la quotité dispo-nible.

L'abandon par l'héritier au légataire de la rente viagère, de cette quote-part de la succession, ne change pas seulement la nature du droit légué, mais en outre la nature du titre et le caractère de la vocation. De simple legs à titre particulier qu'elle était, la disposition devient un legs à titre universel. Le bénéficiaire contri-buera donc au payement des dettes. « La quotité dis-« ponible, dit encore M. Demolombe [2], ne pouvant « se prélever que sur les biens, il faut nécessaire-« ment : ou que les dettes soient déduites de la masse, « ou, si elles ne sont pas déduites, que des sûretés « soient fournies par le donataire ou légataire à l'héri-

1. *Loc. cit.*, p. 477. — 2. *Loc. cit.*, p. 473 et 474.

« tier à réserve, ou par l'héritier à réserve, au dona-
« taire ou légataire , suivant que les biens nécessaires
« pour les payer seront livrés au donataire ou au
« légataire , ou resteront dans les mains de l'héri-
« tier ».

Il nous reste à traiter une dernière question. La voici :
Si le donateur ou testateur a imposé à sa libéralité en
rente viagère certaines conditions , ces conditions
sont-elles de plein droit imposées à l'abandon que fait
l'héritier de la portion disponible? Nous ne le croyons
pas. Cet abandon n'est pas en effet un moyen d'exécuter la donation ou le legs, sous une autre forme et
par équipollent. L'art. 917, nous le répétons , donne
à l'héritier la liberté d'exécuter la disposition telle
qu'elle est , ou de délaisser la quotité disponible purement et simplement. A cet héritier, le législateur a dit :
Soyez vous-même le juge , et choisissez entre ces deux
partis : vous vous conformerez à la volonté du défunt,
ou vous abandonnerez sans restriction la quotité disponible. Telle est du moins la présomption établie à
défaut de preuve contraire

Nous venons d'examiner l'hypothèse où le *de cujus*
a mis à la charge de l'héritier réservataire un legs de
rente viagère , et a récompensé cet héritier en lui
donnant la nue-propriété de la quotité disponible, de
ce qu'il lui a enlevé en jouissance ou en revenu sur la
réserve. Que décider dans l'hypothèse inverse et cor-
rélative, c'est-à-dire si le défunt lègue à son héritier
réservataire une rente viagère dont les arrérages absor-

bent en totalité ou presque en totalité les revenus des
biens de la succession, et dispose en faveur d'un tiers
de la nue-propriété? Le testateur peut-il valablement
remplacer par l'usufruit de la quotité disponible, la
propriété d'une partie de la réserve? Dans l'ancienne
jurisprudence on réunissait les deux questions en une
seule, et la solution que l'on donnait à l'une, on ne
manquait pas de l'appliquer à l'autre. « C'est une
« question très importante, disait Lebrun [1], que de
« savoir si un père ne peut pas récompenser son fils
« en usufruit de ce qu'il lui ôte de sa légitime en nue-
« propriété, ou le récompenser en nue-propriété de ce
« qu'il lui ôte en usufruit. » Ricard [2] s'exprimait d'une
façon plus explicite encore : « Je n'ai pas fait de diffé-
« rence, et je crois qu'il y a même raison de décider,
« au sujet de notre question, du legs d'un usufruit, et
« de celui qui est en propriété. » Pourquoi n'en serait-il plus de même aujourd'hui? Pourquoi ne pas soumettre l'héritier, dans les deux hypothèses, à faire son
choix entre l'exécution pure et simple du legs, et l'abandon de la quotité disponible ? Si le législateur ne s'est
formellement occupé que de l'une d'elles, ce n'est pas
assurément qu'il eût l'intention de ne pas lui assimiler
la seconde. Il est facile d'expliquer son silence. Le cas
spécial de l'art 917 est celui qui se présente le plus
fréquemment. L'autre est très-rare. La loi prévoit *ici*

1. *Des succ.*, liv. 2, ch. 3, sect. 4, n° 2. — 2. 3ᵉ part. n° 1450. —
V. aussi Pothier, *Introd au tit.* 16, *de la Cout. d'Orléans*, n° 55. —
Roussilhe, *Inst. au Dr. de Légitime*, ch. 5, art. 3.

quod plerumque fit. Cela suffit pour que sa disposition soit applicable toutes les fois qu'il y a analogie de
motifs, toutes les fois, surtout, que les motifs qui l'ont
inspirée existent a *fortiori*. Or, puisque l'héritier, en
présence d'un légataire de l'*usufruit* des biens com-
posant la succession, est obligé, pour avoir la pleine
propriété de la réserve, d'abandonner la *pleine propriété* de la quotité disponible; à plus forte raison
l'héritier, qui se trouve en face d'un légataire de la
nue-propriété de ces biens, ne pourra-t-il prétendre à
la pleine propriété de la réserve, qu'à la condition
d'abandonner à ce légataire la *pleine propriété* de la
quotité disponible; car « il est certes moins excep-
« tionnel de transformer un légataire de nue-propriété
« en un légataire de pleine propriété, que de trans-
« former en un légataire de pleine propriété un sim-
« ple légataire d'usufruit [1]. » Et qu'on ne dise pas : Il
n'a été légué que de la nue-propriété; donc l'héritier
n'est pas tenu de délivrer de la pleine propriété. Est-ce
que, en effet, dans le cas de l'art. 917, il y a un legs
de nue-propriété? Et cependant l'héritier ne doit-il
pas laisser la pleine propriété de la quotité disponible,
s'il refuse d'exécuter la disposition ? D'ailleurs, le rai-
sonnement qu'on oppose pèche par la base. Le légataire ne demande que de la nue-propriété, c'est vrai;
mais il demande toute la nue-propriété; et il répond
à l'héritier qui veut réduire le legs : Votre part équi-

1. Demol., *Donat.*, t. II, p. 496.

vaut à la pleine propriété de la réserve; on vous a indemnisé par un avantage en usufruit de ce qui vous manque en nue-propriété : vous n'avez donc pas à vous plaindre. Et comme précisément il faudrait estimer la valeur de l'usufruit, et que c'est cette estimation que le législateur n'admet pas, il reste seulement à l'héritier l'option entre ces deux partis : se conformer entièrement à la volonté du défunt, c'est-à-dire délivrer au légataire toute la nue-propriété léguée, ou bien abandonner la pleine propriété de la quotité disponible.

Le Code, dans les art. 1094 et 1098, organise pour la quotité disponible entre époux un système complétement indépendant des règles posées dans les art. 913 à 916. Ces art. 1094 et 1098 prévoient toutes les positions possibles. Ils donnent pour tous les cas une solution spéciale. On n'a pas à recourir aux principes de la quotité disponible entre étrangers[1]. L'époux qui ne laisse ni descendants ni ascendants peut disposer de la totalité de sa fortune en faveur de son conjoint. S'il n'a pas de descendants, mais des ascendants, il peut disposer en faveur de son conjoint, en pleine propriété, de tout ce dont il serait libre de gratifier un étranger, et de plus, en usufruit ou en rente viagère, de toute la portion réservée Laisse-t-il au contraire des descendants, une distinction est nécessaire : ou bien il donne à son conjoint une pleine

---

1. Sauf le cas de libéralités en usufruit lorsqu'il y a des enfants d'un premier lit. L'art. 917 serait alors applicable.

propriété ou un usufruit et une pleine propriété ; ou
bien il ne lui donne qu'un usufruit. Dans le premier
cas, la disposition est réductible au quart en usufruit
et au quart en pleine propriété ; dans le second, à la
moitié en usufruit. De telle sorte que l'époux survivant n'a jamais le droit de jouir en propre, au détriment de ses enfants, de plus de la moitié des biens du
prédécédé, lors même qu'il n'existerait qu'un seul
enfant, circonstance qui fixe à la moitié de la pleine
propriété la quotité disponible entre étrangers. Ainsi
donc, le legs fait par un mari à sa femme, ou récipro-
quement, qui comprendrait l'usufruit des trois quarts
des biens de la succession, ou une rente viagère absorbant le revenu des trois quarts de ces biens, serait
réductible d'un tiers s'il existait des enfants; et l'on ne
compenserait pas l'usufruit enlevé au légataire par l'attribution d'une nue-propriété. Cette décision est la
seule admissible en présence du dernier paragraphe
de l'article 1094. On se trouve en effet dans cette alternative : ou ce paragraphe n'a pas de sens (puisque, qui peut le plus peut le moins, qui peut donner
un quart en propriété peut *a fortiori* donner un
quart en usufruit), ou il signifie qu'il y a deux quotités
disponibles entre époux : l'une en propriété, l'autre en
usufruit. Notre opinion est du reste confirmée par
l'historique de la rédaction du Code. Nous avons vu
comment on avait d'abord établi pour les dons et legs
d'usufruit une quotité disponible entièrement calquée
sur celle de la propriété même; comment ce système

a été abandonné pour les libéralités entre étrangers, mais a subsisté pour les libéralités entre époux, car le texte de l'art. 1094 n'a jamais subi aucune modification. Le législateur ne devait pas permettre, dans le cas spécial de cet article, la substitution d'un droit de propriété à un simple droit d'usufruit. Si un mari n'a légué à sa femme qu'un usufruit ou une rente viagère, c'est que, sans doute, il avait ses raisons pour cela ; il voulait bien assurer à sa veuve des revenus; mais il ne voulait pas que plus tard sa veuve, en se remariant, pût apporter dans une autre famille la propriété de la fortune qu'il laisserait après lui. Il faut donc respecter cette intention.

Dans l'art. 1098, il est question spécialement de la quotité disponible entre époux, lorsque le donateur ou testateur a des enfants d'un précédent mariage. Cet époux ne peut gratifier son conjoint que d'une part d'enfant légitime le moins prenant; « et jamais sa libé- « ralité ne doit excéder le quart des biens ».

II.

CLAUSES DIVERSES QUI PEUVENT ACCOMPAGNER UNE CONSTITUTION DE RENTE VIAGÈRE A TITRE GRATUIT.

On peut constituer à titre gratuit une rente viagère sur la tête et au profit de deux ou plusieurs personnes; et le décès de l'une d'elles n'éteint pas la rente, même en partie, toutes les fois du moins que les termes de la donation ou du testament ne sont pas con-

traires à cette interprétation. Ainsi , une rente viagère
a été léguée conjointement à deux individus, par une
seule disposition, et sans assignation de parts. Les deux
légataires ont chacun de leur côté vocation à la totalité
de la rente S'ils viennent tous les deux en concours
réclamer le bénéfice du legs, ils devront, comme fatale-
ment et par la force des choses, se le partager. Mais si
l'un d'eux décède soit avant , soit après le testateur, le
survivant, ne trouvant plus d'obstacleau plein et entier
exercice de son droit, recueillera la rente dans son intégrité. Il y aura accroissement, ou plutôt non-décrois-
sement.

Cette question, du reste, est rarement soulevée dans
la pratique. Presque toujours le disposant a soin d'in-
diquer expressément quelle sera , en cas de prédécès
de l'un des légataires, la part du survivant.

Quelquefois une rente viagère est léguée à deux personnes pour en jouir, non plus concurremment, mais
successivement : c'est-à-dire que le premier légataire
aura seul droit à la rente, jusqu'à son décès, et que le
second en profitera, à dater de cette époque, s'il survit.
La mort du premier appelé , avant celle du *de cujus*,
n'entraînerait pas nécessairement la perte des droits du
second. Les tribunaux pourraient, par appréciation de
la volonté du testateur, considérer la clause de réversibilité comme un legs distinct, dont la caducité ne serait
pas la conséquence de la caducité du legs principal [1].

1. C. de Cass., 19 nov. 1860 (D. P. 1861, 1, 265).

Toute rente viagère fait partie du patrimoine du crédi-rentier, et constitue, comme telle, « le gage « commun des créanciers » de celui-ci [1]. Mais tandis que l'acquéreur d'une rente viagère, à titre onéreux, ne peut pas la soustraire au droit de saisie-arrêt qu'ont sur elle ses créanciers « non-seulement pour les arrérages, « mais encore à fin d'expropriation [2] », le donateur d'une semblable rente a un moyen de la rendre insaisissable de la part des créanciers du bénéficiaire. Il suffit pour cela d'une stipulation expresse dans la donation ou le testament. C'est ce que décident formellement l'art. 1981 du C. N , et la disposition générale de l'art. 581 du C. de Pr. civ. La raison en est évidente : le donateur ou le testateur était libre de ne pas faire de libéralité ; si donc il met à sa libéralité telle restriction qu'il juge convenable, il ne nuit en rien aux créanciers de celui qu'il gratifie. La clause d'insaisissabilité est présumée *ipso jure* dans toute donation ou legs de rente viagère à titre d'aliments. Mais « les créanciers « postérieurs à l'acte de donation ou à l'ouverture du « legs » ont toujours la faculté d'opérer la saisie « en « vertu de la permission du juge, et pour la portion « qu'il déterminera [3] ».

De même que la rente viagère établie par donation ou par testament peut être valablement stipulée insaisissable, de même elle peut être stipulée inces-

1. Art. 2093 C. N. — 2. P. Pont, *Petits contr.*, p. 3£4. — 3. Art. 582, C. de Pr. civ.

sible. « Cette clause, souvent nécessaire pour sauver
« de la ruine un dissipateur ou un prodigue, ne doit
« être accueillie qu'avec faveur ; elle ne présente pas
« les caractères d'un fidéicommis prohibé ; car si elle
« renferme la charge de conserver, elle ne contient
« pas la charge de rendre, élément nécessaire de tout
« fidéicommis contraire aux lois [1] »

Nous avons parlé d'une rente viagère constituée à
titre d'aliments. Nous ferons ici, à ce sujet, cette ob-
servation : le legs d'une rente viagère *alimentaire*,
sans expression de quotité, serait valable, comme
formant une disposition complète par elle-même, le
caractère indiqué de la rente, offrant aux tribunaux
un élément suffisant pour en déterminer le chiffre [2].

Il arrive souvent que le testateur fixe une époque
à dater de laquelle la rente, objet du legs, commencera
à courir. De là naît cette question : les arrérages sont-
ils dus à compter de l'époque indiquée, ou seulement
du jour de la demande en délivrance, si elle est faite
postérieurement ? Il faudrait, nous le croyons, se conformer à la volonté du disposant [3]. L'art. 1015 § 1 du
C. N nous paraît assez explicite à cet égard.

Ce même article, dans son second paragraphe,
déclare que les arrérages de la rente viagère doivent
courir du jour du décès du testateur, lorsque cette
rente « a été léguée à titre d'aliments ». Il est en effet,

1. Troplong, *Contr. aléat.*, p. 486.—2. C. de Cass., 1er juil. 1862
(D. P. 1862, 1, 357) — 3. C. de Cass., 3 août 1863 (D. P. 1863, 1,
363).

dans la nature des prestations alimentaires, de ne point admettre de retard. Généralement elles sont payables d'avance. Le législateur n'a donc fait ici que suppléer à la volonté présumée du défunt.

En toute autre circonstance, le legs de rente viagère n'est exigible que pour les arrérages échus depuis la demande en délivrance.

En outre des garanties accordées par la loi pour assurer l'exécution des legs en général, des garanties spéciales peuvent également être établies par le testateur lui-même. Parmi celles que l'on rencontre ordinairement en matière de legs de rente viagère, nous citerons l'interdiction faite par le *de cujus* à l'héritier chargé d'un legs de cette sorte, « d'aliéner, hypo- « théquer et engager » les immeubles de la succession, tant que durera la rente. Cette clause « n'est point une « atteinte au principe de la libre circulation des biens, « et peut être déclarée valable [1] ». Nous mentionnerons encore l'affectation au service d'une rente via- gère, d'une inscription de rente sur l'État. Le décret du 14-16 mars 1852 relatif à la conversion des rentes sur l'État 5 % en rentes 4 1/2, a soulevé une difficulté à ce sujet. Une rente 5 % avait été, antérieurement à ce décret, affectée au service d'une rente viagère. En vertu de l'art. 1, § 2 du décret, cette rente 5 % fut réduite à 4 1/2, l'héritier devait-il fournir au légataire un titre supplémentaire? Oui, assurément, ou tout

1. C. de Cass., 12 juil. 1865 (Journal *Le Droit*, 13 juil. 1865).

au moins une garantie équivalente. C'est ce qu'a décidé la Cour de Lyon par arrêt du 18 mars 1853 [1].

Le testateur peut charger spécialement l'un de ses héritiers ou légataires, du service de la rente viagère qu'il constitue au profit d'un tiers. A défaut d'une semblable indication, la rente sera payée par celui des héritiers ou légataires qui jouit des biens de la succession. Si donc il y a un légataire de toute la nue-propriété et un légataire de tout l'usufruit, ce dernier acquittera les arrérages qui courront pendant la durée de son usufruit. Le légataire d'une quote-part de l'usufruit n'est tenu que dans la proportion de sa jouissance. Telle est la disposition de l'art. 610 du C. N. Les arrérages des rentes sont considérés comme une charge des fruits.

Naturellement c'est sur la quotité disponible que sont acquittés les legs de rentes viagères. Nous avons donné la règle à suivre lorsqu'un semblable legs excède le revenu de cette quotité. De plus, le légataire de l'usufruit n'est obligé au service de la rente que jusqu'à concurrence de son émolument, « et on ne peut « pas le mettre dans l'alternative forcée de payer inté- « gralement (les arrérages) ou de renoncer à un droit « d'usufruit qui pourrait par la suite devenir utile « pour lui, dans le cas où les legs annuels et via- « gers dont les biens de la succession seraient gre- « vés, viendraient à s'éteindre avant la cessation

1. D. P. 1854, 2, 93.

« de sa jouissance ». Cette doctrine, enseignée par Proudhon[1], nous paraît très-admissible. Elle est basée sur ce principe que le légataire à titre particulier ne peut pas être grevé *ultra vires* Du reste elle est conforme à la décision de la loi 8, § 4 *De bonis quæ liberis* (C. c. 61).

L'usufruitier est tenu de servir les arrérages de la rente, de payer annuellement les arrérages pendant la durée de son usufruit ; mais il n'est pas « le débiteur du « droit même de la rente[2] », à moins que le testateur n'en ait disposé autrement. Par conséquent la caducité du legs d'usufruit n'éteint le legs de rente viagère que si la rente a été mise exclusivement et par une clause expresse à la charge de l'usufruitier.

1. *Tr. de l'usufruit*, n° 1823. — 2. *Id.*, n° 1825.

POSITIONS.

DROIT ROMAIN.

I. — Il n'y a pas contradiction entre la loi 10 pr. et la loi 20 pr. *De annuis.*

II. — La loi 9 *De usu et usufr.*, n'est pas en opposition avec la loi 19 *De annuis.*

III. — Le legs du revenu d'un fonds ne constitue pas une servitude.

IV. — En matière de legs annuel, chaque annuité prise isolément est sujette à la prescription ; mais le droit au legs lui-même est imprescriptible.

DROIT FRANÇAIS.

I. — Y a-t-il dans la rente viagère un capital distinct des arrérages ? — Oui.

II. — La communauté ne doit pas récompense, si elle perçoit les arrérages d'une rente viagère constituée pendant le mariage moyennant l'aliénation d'un immeuble propre à l'un des époux.

9

III. — Lorsqu'une rente viagère acquise des deniers de la communauté est réversible en totalité sur la tête et au profit du survivant, celui-ci doit-il récompense à la communauté, en cas d'acceptation, pour la rente à laquelle il a droit ? — Oui.

IV. — L'héritier réservataire, grevé d'un legs de rente viagère, n'a l'option de l'art. 917 que si la rente excède le revenu de la quotité disponible.

V. — L'art. 917 est applicable dans l'hypothèse où le testateur a légué la nue-propriété d'une partie de la réserve.

VI. — Quand le prix d'une vente consentie à un successible en ligne directe du vendeur, consiste pour moitié en une somme d'argent et pour moitié en une rente viagère, la vente n'est présumée libéralité que pour partie.

VII. — La disposition de l'art. 918 ne doit pas être étendue au cas d'une vente faite à un successible en ligne directe, à charge d'une rente viagère au profit d'un tiers.

VIII. — Dans l'hypothèse de l'art. 1094 § 2 du C. N., les libéralités d'usufruit qui embrassent plus de la moitié des biens héréditaires, ne doivent pas être converties en l'attribution d'un quart desdits biens en usufruit et un quart en propriété.

IX — La vente à charge d'une rente viagère au profit d'un tiers donne lieu à la perception de deux droits proportionnels de mutation.

X, — Lorsqu'une rente viagère est acquise à frais communs par deux individus, et qu'elle est stipulée réversible sur la tête du survivant, il n'est pas dû un droit proportionnel de mutation par décès à l'époque de la mort de l'un des deux crédi-rentiers.

POITIERS, TYP. ET STÉRÉOTYP. OUDIN.

POITIERS
TYPOGRAPHIE OUDIN.

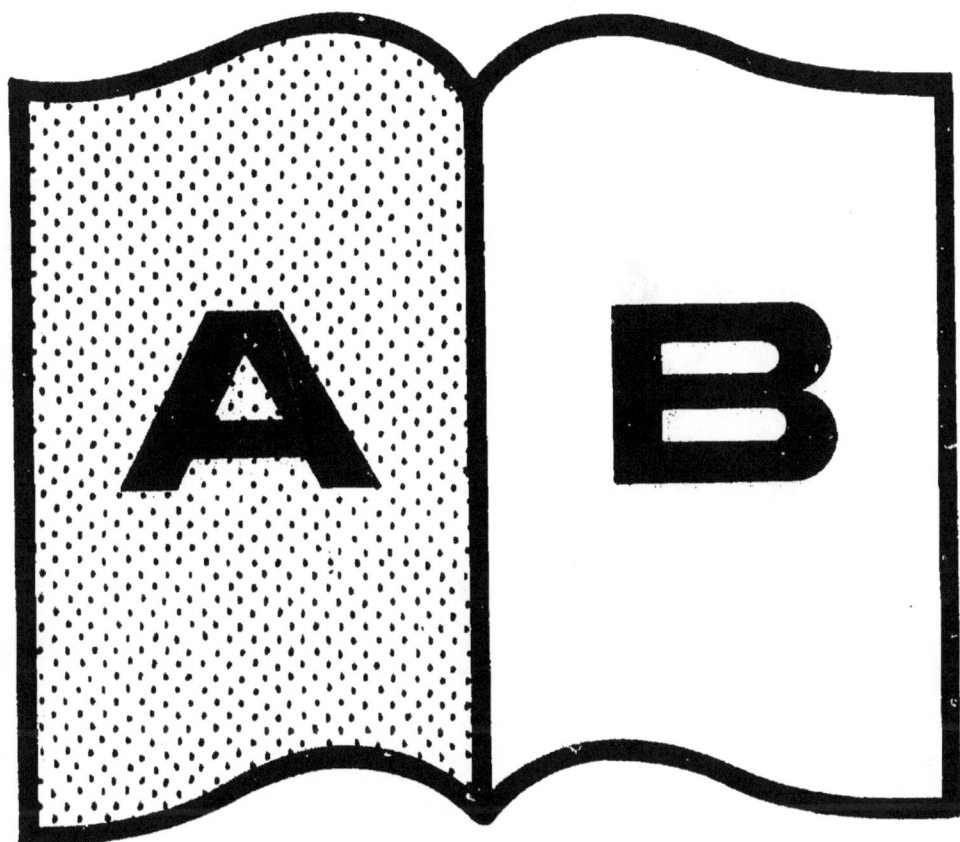

Contraste insuffisant

NF Z 43-120-14